U0639394

成就良师

大夏书系·教师专业发展

探寻好教师成长路径

禹跃昆 — 著

华东师范大学出版社

·上海·

图书在版编目（CIP）数据

成就良师：探寻好教师成长路径 / 禹跃昆著.
上海：华东师范大学出版社，2025.
—ISBN 978-7-5760-6359-2

I. G451.2

中国国家版本馆 CIP 数据核字第 2025EJ3441 号

大夏书系 | 教师专业发展

成就良师：探寻好教师成长路径

著　　者	禹跃昆
责任编辑	卢风保
责任校对	杨　坤
封面设计	奇文云海 · 设计顾问

出版发行	华东师范大学出版社
社　　址	上海市中山北路 3663 号　邮编 200062
网　　址	www.ecnupress.com.cn
电　　话	021-60821666　行政传真 021-62572105
客服电话	021-62865537
邮购电话	021-62869887
地　　址	上海市中山北路 3663 号华东师范大学校内先锋路口
网　　店	http://hdsdcbs.tmall.com/

印 刷 者	北京密兴印刷有限公司
开　　本	700×1000　16 开
印　　张	15
字　　数	222 千字
版　　次	2025 年 8 月第一版
印　　次	2025 年 8 月第一次
印　　数	5 100
书　　号	ISBN 978-7-5760-6359-2
定　　价	65.00 元

出 版 人　　王　焰

（如发现本版图书有印订质量问题，请寄回本社市场部调换或电话 021-62865537 联系）

序 搭建通向良师的阶梯

与禹跃昆同志相识，始于未曾谋面的"神交"。

我于2016年3月从华东师范大学赴江西上饶挂职两年，其间聚焦地方教育发展，竭力更新思想理念，积极改革体制机制，强化教师队伍建设，虽然作用有限，但也力争让上饶教育努力"变道超车"。挂职结束后，我还时常在媒体上获得来自上饶的令人振奋的消息：铅山县乡村的孩子们在世界机器人大赛等赛事中频频获得一等奖；新组建成立的上饶幼儿师范高等专科学校对定向师范生实施单独学院式管理，成为当地师源引擎；上海和江西上饶形成从市级到区县的"全链条"教育交流协作体系，"上上"教育合作之花开遍"上上"的每一个区县……这些陆续盛开的"油菜花"，恰是《中国教育报》资深记者禹跃昆等同志对上饶乡村教师队伍报道和透视的重点，一种"志同道合"的感觉扑面而来，"神交"的意义正在于此。

习近平总书记指出："一个人遇到好老师是人生的幸运，一个学校拥有好老师是学校的光荣，一个民族源源不断涌现出一批又一批好老师则是民族的希望。"到教育部工作后，我深切地感受到讲好教师故事的重要意义，也更加关注到教育媒体的独特视角和巨大力量。我国现有教师一千八九百万人，绝大多数都是师德高尚、业务精湛的优秀教育工作者。他们长年默默耕耘、埋头苦干、无私奉献，构成了中国教师队伍的基本盘。对于他们，我们应加大力度，不吝笔墨地进行宣传。但是宣传之外，我们更应重视教师队伍的整体提升。教育部党组适时推出"师范教育协同提质计划"，协调高水平师范大学以组团形式，在骨干教师培养、高水平人才引进、学科专业建设、基础教育服务能力建设、学校规划与管理能力提升等方面，对中西部欠发达地区薄弱师范院校进行重点支持，为整体提升师范院校和师范专业办学水平，巩固我国教育力量的基本盘，提供助益和保障。

我也感到，我们在整体提升教师队伍质量的同时，也要用好国家优质高等教育资源，为拔尖创新人才的培养提供更加优秀的教师。就在我到山东大学工作的 2024 年，学校顺利入选了第二批"国优计划"试点高校，还成立了教育高等研究院。这都着眼于依托高水平大学培养高层次教师，并期待他们充实到中国最顶尖的中小学，播下创新种子，为我国未来的拔尖创新人才培养积蓄一支素质更高、专业化能力更强的师资力量。

基于这些工作，我和禹跃昆等中国教育报刊社的记者编辑们有了更多互动，座谈交流、新闻发布、开设专栏、打磨稿件……从强化教育家精神引领到打造中国特色教师教育体系，再到教师管理综合改革，报刊社的记者编辑们在提升形象、传播理念、反映问题、促进交流等方面发挥了重要作用，为建设高质量教师队伍提供了强大的舆论支持。

教师是教育的第一资源。没有高水平的教师队伍，就没有高质量的教育体系；没有教师的现代化，就没有教育的现代化。然而，教师的成长并非一蹴而就，良师的"发现"更是一个需要长期积累、不断突破的过程。如何帮助教师实现全周期成长，如何为教师提供更好的发展环境，如何解决教师队伍中的核心难题，如何用好人口波动的周期来优化教师的规模和质量，这些都是教育强国建设中亟待回答的问题。本书可以说是对这些问题的可贵探索。

禹跃昆同志十余年来深耕教育宣传领域，其报道以高度、深度和温度见长，以教师为报道和研究重点，为教育改革与发展提供了决策参考。他以专业的视角和深厚的积累，集纳心血终成卷，为我们呈现了一幅教师专业发展的全景图，为广大教师搭建了一座通向良师之路的阶梯。

在本书中，我们能看到优秀教师们的"善为"故事，能体悟教师管理的"善待"智慧，能研读教师成长的"善养"经验，能借鉴到教师问题的"善解"路径。通过一系列典型案例，我们可以全面认识到，教师的成长与发展是一个复杂的系统工程，需要科学的顶层设计，需要因地制宜的灵活，需要长期投入的坚持，需要个人不懈的突破。书中案例背后的规律与分析，不仅是对教师成长之路的系统总结，更是对中国教育改革与发展的深刻思考，将为教育管理者、一线教师以及所有关心教育的人士提供很好的参考与启发。

习近平总书记强调，建成教育强国是实现以中国式现代化全面推进强国建设、民族复兴伟业的先导任务、坚实基础、战略支撑。教育强国的建设，离不开每一位教师的成长；而每一位教师的成长，都将化作教育强国的朵朵"油菜花"，开遍山野，润泽人间。

任友群

2025 年春于泉城

（作者现为山东大学党委书记，曾在教育部和华东师范大学任职，并曾挂职江西上饶）

目录　c o n t e n t s

第一辑　善为：教师个人成长的可能路径

第二辑　善待：教师管理的可能路径

第一辑

善为：教师个人成长的可能路径

本辑导读

1985 年 9 月 10 日，在庆祝第一个教师节现场，当教育系学生举起"教师万岁"的字牌时，感动了教师，轰动了全国。为什么是教师？教师有何不同？

也许你会说，教师是智慧的引路人，是心灵的雕刻师，是生命的塑造者。在我看来，教师更是一个个普通人，他们或许是我们身边的一位邻家女孩，或许是家庭里的一位辛勤妈妈，或许是职场里的一位忙碌者。从平凡到伟大，并不是遥不可及的梦想，而是存在着一条可能的路径，这路径是日复一日地坚持，是终其一生地热爱，是心怀他人地担当。

在第一辑中，我们可以看到一个个普通的教师如何通过教育的力量改变个人、影响社会甚至推动时代进步。从把数学课上得出神入化的华应龙老师，到蹲下来倾听幼儿心声的谷金双园长；从用尽所有为特殊学生解锁生命的刘玲琍老师，到用废桌子腿制作二胡的邱海涛老师；从坚守祖国边疆的柴玉平、马建国老师，再到在科技、体育、文学领域探索与引领的杨贤金、张荣、严纯华、姚明、冯骥才等人——这些故事共同描绘了一幅教师善为的生动画卷。

教师的善为，不仅是知识的传递，更是思想的启蒙；不仅是对规律的捍卫，更是对常规的打破；不仅是对学生的示范，更是对生命的唤醒。

华应龙：把立德树人写到数学课中

他的课总让学生直呼过瘾、不愿离开，甚至为此深深爱上数学；他的"徒弟"涵盖了大江南北的教研员、名师乃至局长……

他，就是华应龙——北京市政府教学成果一等奖、首届全国教育改革创新奖、首届"明远教育奖"的获得者。

刚刚过去的"国际数学日"，华应龙带着自己的创新课出现在大家面前。一石激起千层浪，听课老师一片赞叹，很多学校邀请他去给数学青年教师作示范、作数学素养报告……

一位成名已久的教师如何在创新路上不断突破自己？带着这样的疑问，我走进了他的课堂，走进了他的数学人生。

这就是数学

一个春日的下午，一堂以"寒假里的暖心套餐"为主题的华应龙数学示范课在中国人民大学附属中学丰台学校开讲。一开始，华应龙请每一个孩子拿出一张白纸，在纸的最上面写下自己的姓名，并给不太常见的字注上拼音。

一个看似不经意的举动，却成为贯穿全课的温暖伏笔：在课堂上，华应龙全程称呼学生的名字，亲切、尊重、欣赏。在他看来，记住学生的名字不仅是对他们的尊重，更是对他们个性的认可。他常说："在我的课堂上，每个学生都能感受到自己的存在，每个学生都是独一无二的。"

而这种温暖的伏笔还有很多，看得出是华应龙的"刻意"。

华应龙喜欢"刻意"等待，等绝大部分学生举手了才指名回答；他喜欢峰回路转，故意设置一些转折点，不断激发学生的思考和灵感；他甚至喜欢在课堂上经常制造一些小"事故"，并总能巧妙地将其化为"故事"，变成课堂上跳跃又欢乐的音符。

在课堂上，总有那么几个聪明孩子喜欢举手，属于"发言积极分子"。华应龙则提出了"能否憋住不说"。他说："孩子，有科学研究表明，能憋住不说的孩子，将来更有成就。为什么呢？因为他心中有他人。他知道学习不是一两个优秀的人表演的机会，而是大家一起思考，一起进步。"结果出奇地好。

等待、故意、憋住……这些课堂上不同的策略，是师者的教学技巧和高明方法，是充满智慧的教学理念和独特魅力，更是他发自内心的对每一个孩子的尊重。

华应龙的数学课堂总是充满了掌声。这掌声不仅有对正确答案的肯定，更有对学生思考过程的鼓励，还有对部分学生爱的赞许——指向不爱笑学生的微笑、不爱发问学生的举手、不管回答是否正确的勇敢。他常说："每一个问题都有多种解法，每一种解法都值得尊重。"在他的课堂上，学生们从不害怕犯错，因为他们知道，华老师总是会耐心地等待他们说出所有的答案，哪怕这些答案并不完美。

这也许就是"化错教育"的魅力所在。

从 1992 年开始，华应龙就开始形成和研究"化错教育"。从最初"让学生从错误中学习"的课题到"融错"再到"化错"，直面学生的差错，三十年如一日。在华应龙看来，"化错"是指把课堂教学中的差错转化为一种教学资源，融入后续的教学过程中，化错误为正确，化腐朽为神奇，变"事故"为"故事"。

小学数学特级教师孙敬彬评价，"化错"是从欣赏的角度看错误，也是从创造的角度看错误，更从育人的角度看错误。"化错"是化人的过程，也是人自化的过程。

"错若化开，成长自来。"华应龙常说，学生在"化错"中习得知识，学到方法，锻炼品格。

这不只是数学

通过对比庆丰包子铺特定时段特价早餐、国外快餐店早餐的价格差异，华应龙在课堂上引导学生发现自己在特定时段却没点特价早餐，并问学生为什么。有学生举手回答："是为了让给更需要的人。"

在场很多人的眼睛湿润了。华应龙则适时送出了自己的"点化"："眼里只有自己的钱，就会'精打细算'；心中常急他人的难，方能'大智若愚'。"他也贴出了在庆丰包子铺拍的商家主张："积善余庆，国富民丰。""同学们：你们下次去，怎么点餐？下课啦！"

课有余香，沁人心脾。这就是"国数课"的精妙。

谈起为什么创造"国数课"时，华应龙说，2022 年时他看到了《大思政课，总书记心中的一件大事》这篇报道，他问自己：如何在小学数学课中融入课程思政？如何在小学数学课中实现数学的化育功能？

于是，在华应龙创课《阅兵之美》《半条被子》等收获成功之后，一个全新的课程出现了——"国数课"。

"国数课"是从中华优秀传统文化、革命文化、社会主义先进文化中选取合适的中国故事，将爱国和数学相连接，用中国故事讲好数学，也可以用数学讲好中国故事的系列数学课的简称。

华应龙把这个想法第一时间分享给了工作室成员，得到了大家的一致支持。团队成员集思广益，相互启发，开发了一系列的"国数课"，如《数说长征》《数说长江》《数说中国天眼》《拾遗苏州码》……

这是一场难得的全员创课、全国联动的集体教学实验与创造，这场创造还在继续。

通往创新的路上，不只有掌声。"国数课"有没有加重教师负担？是不是抢了思政课教师的饭碗？面对一些疑问，华应龙表现出了数学教师理性的一面，也表现出了感性的一面。他说："这是从 0 到 1 的数学课，是用生命去创作比生命更长久的作品，不是一星半点儿地辛苦。"

他又说：经师易得，人师难求。"爱国主义教育"不能停留在纸上，悬挂在墙上，而应写在学生心上。"国数课"就是我们正在探索的一种写法。

这还是数学

听完示范课，中国人民大学附属中学丰台学校校长刘利面对众多来听课的教师有感而发："华应龙老师的课有三个满满：满满的家国情怀，满满的数学智慧，最后还是满满的爱。"

"还是"二字不仅仅是刘校长提到的关键词，也是华应龙欣赏的关键词。在出版了两本教育专著《我就是数学》《我不只是数学》后，华应龙笑言："第三本是不是可以叫作《我还是数学》？"

在他看来，研究数学就像禅宗的三境界：第一境界看山是山，看水是水；第二境界看山不是山，看水不是水；第三境界看山还是山，看水还是水。

华应龙认为，数学还是要学会发问。

他特别喜欢在课堂上问"为什么"。他说，老师在课堂上要学会装傻，不能太聪明。老师在课堂上太聪明的话学生就会变"傻"。发问的背后是赋权，是好奇，是发现，是质疑，是反思。

华应龙认为，数学还是要勇于创新。

教学的生命力不是"复制"而是"刷新"。这是华应龙常说的一句话，也是他多年来矢志不渝的追求。关于"分数的初步认识"，传统的教法都是从"分东西"引入，不是分苹果，就是分月饼，教学就这样年复一年地重复着。能不能有新的导入呢？经过苦苦思索，华应龙创设了"大头儿子量沙发"的全新情境。在他看来，教师在教学过程中，不只是重复已知的知识，还要直面新问题、探索新路径。

华应龙认为，数学还是要回归生活。

源于生活、回到生活，数学不能只走半步。在一次讲座互动中，有年轻教师问道："到底是按照教学目标去找教学情境，还是有了教学情境再提炼教学目标？"华应龙并没有正面回答，而是会心一笑："数学与生活是相融的，来源于生活，又回到生活。"在他的课堂上，充满了生活的情境、身边的案例。这些情境和案例都是他在生活中精心"挑选"而来的。

示范课活动结束，华应龙赠送给我一本他最新的关于"国数课"的著作《祖国需要，我就去教》，上面手书他的座右铭："走自己的路，让别人走得更好！"

的确，30 多年来，华应龙走出了"化错教育"这条大路，现在又超越自我创出"国数课"的新路，不管哪条路，都是为了让学生走得更好，让教师教得更好，让强国的步伐在小学数学课堂上走得更好。

（原载于《中国教育报》，2025 年 4 月 8 日）

刘玲琍：用尽所有为生命解锁

"小鸡叽叽叫，母鸡咯咯叫，公鸡喔喔叫。"站在讲台上的刘玲琍老师拿着3张分别画有小鸡、母鸡、公鸡的大卡片，对着台下8名特教孩子"夸张"地展示着嘴、舌、牙、喉咙的变化。

其间，她不时走到孩子中间，把他们的手放在自己喉咙或嘴上，让孩子更直接地感受发音部位、气息大小的不同。

这样的场景已经重复了33年。

"眼耳鼻舌身意，色香声味触法，用尽所有为生命解锁。她从命运那里夺回一副又一副翅膀，带领孩子们飞离寂静的牢笼。听，每一个新的发音，都打开一个新的世界。"这是"感动中国"2023年度人物组委会给予刘玲琍的颁奖辞。

谈到获奖后的感受，刘玲琍语气坚定："这不单单是给我个人的鼓励和肯定，更是对整个特殊教育事业的特殊关爱。"

摸着喉咙上课

刘玲琍是湖南省衡阳市特殊教育学校的一名普通教师，1991年从南京特殊教育师范学校毕业后，在这里一干就是33年，而且整整当了33年的班主任。

其实，刘玲琍最初从事特殊教育的想法源于一件很偶然的事情：小时候邻居阿姨是听障人士。

邻居阿姨虽然不会说话，但总是对周围人释放出纯真的善意。刘玲琍那个时候就在想：如果她能接受教育，有了一技之长，会不会就此改变命运？

邻居阿姨的特殊人生在7岁的刘玲琍心中埋下了一颗种子。11年后，种子发芽，破土而出，变成树苗，茁壮成长，长成了大树。

刚毕业时，面对班上听障和智障孩子的时候，她也"抓狂"过。但面对孩子们纯真而无辜的眼神，面对家长送孩子来时的痛苦，她的心坚定下来，开始认真做一名特教教师。

听障孩子没有有声语言思维，对他们来说学习语文比正常人学习外语困难几倍甚至几十倍，这需要老师具备扎实的教学技能。

为了提高自身的业务素质，刚参加工作那几年，刘玲琍利用业余时间进行了大专、本科的学历进修，平时一有空就钻研特教知识。接手听障语训班的工作后，她结合多年的训练经验，自创自编"舌操"，训练孩子发音器官的柔韧性与灵活性。

除了摸喉咙、捏鼻子外，刘玲琍还会把嘴唇贴近孩子的手背，让孩子感受气流的有无和大小，甚至在学习舌根音时，让孩子把手伸进她的嘴里，触摸发音时舌头的位置。口干舌燥嗓子痛，一天下来，刘玲琍说自己"像瘫了一样，一句话也不想说"。

功夫不负有心人。33 年来，刘玲琍先后教过 80 多名残障学生。正是通过她的有效训练，不少学生终于可以和普通人一样开口说话，目前已有 30 多个孩子康复，15 个孩子进入了普校随班就读。

是教师，更是妈妈

2005 年，是刘玲琍人生中最寒冷的一年。那一年，直到将实验班学生送入高中，已结婚 6 年的刘玲琍才怀孕生孩子。

"大胖小子！"一家人高兴不已。32 岁才初为人母的刘玲琍也喜气洋洋。可没想到，孩子 6 个月时被发现"先天性神经性耳聋"。

"我的天都塌了。"刘玲琍说。她怎么也想不明白，自己没日没夜地为这些残疾孩子呕心沥血，儿子竟也同样有听力缺陷。那些日子，她尽管依然上班、上课，却像变了一个人，经常走神，莫名其妙地对学生发火……她甚至想辞职全心照顾儿子。

关键时刻，同事和学生们给了她真挚的关爱。远在武汉读高中的一个名叫刘梦晗的听障女孩，一笔一画地给她写了封长信："亲爱的刘老师，虽然宝宝和我一样生活在无声世界里，但您一定要坚强地站起来，教他说话、识字和做人的道理。请您一定不能倒下，更不要放弃宝宝今后的生活道路。我相信，总有一天，宝宝会和我一样，有一个属于他的未来。"

刘玲琍重新振作了起来。之前她带了一年级的那个班的孩子，又找她来了。"一共24个孩子，二年级时就分成实验班和慢班两个班。"她说，那个基础较差、9年完成学业的慢班学生，非要她当班主任才愿意继续读高中。这个班才8个孩子，接班后，她和孩子们都很努力，之后居然全部顺利毕业。

自己的孩子残疾，刘玲琍更能体会到家长的心。"我的儿子需要我守护，我的学生也需要我守护。他们都离不开我！"从此，刘玲琍以百倍的耐心和爱心对待学生。

"刘老师很好，像妈妈，她教我说话，我谢谢她。"学生鑫鑫（化名）有点儿艰难地用语言表达了对刘老师的爱。

"最喜欢参加学生的婚礼了，很多学生都叫我妈妈。"刘玲琍幸福地说。看到学生成双成对，脸上洋溢着幸福的笑容时，她总是热泪盈眶。

十多年悉心护养，结出了令人欣慰的"果"。刘玲琍的儿子不仅考上了大学，且成绩优良、性格阳光。

身边的同事都说，刘玲琍内心纯粹而宁静，天生善良。

虽然经济有限，但她依然资助四位贫困残疾学生完成学业；每周近20节课忙得连轴转，但她依然第一个报名参加"送教上门"；2016年，刘玲琍曾因获得表彰被奖励3000元，她毫不犹豫地将这笔奖金交给学校建立学生奖励基金……

引导更多人关注特教

目前，刘玲琍的身份已不单单是一名普通教师，更是一名全国特殊教育事业的优秀代表。

刘玲琍先后获得了"党和人民满意的好老师""第四届全国岗位学雷锋标兵""全国三八红旗手""全国优秀共产党员"等荣誉称号。2023年更是当选为新一届全国人大代表。

今年全国两会期间，刘玲琍带来了多份关于特殊教育的建议：将助听器和人工耳蜗纳入医保体系；加大对特殊教育学前和职教阶段的投入；鼓励企业招聘特殊教育学校毕业生……

"我有一种时不我待的紧迫感，要多为身后的特殊教育事业的广大师生发声！"刘玲琍坦言。

收获了这么多荣誉，刘玲琍却非常理性："我不过在最平凡的岗位上做了最平凡的事情。我只是把本职工作做到极致、坚守到底！"

习近平总书记说，扎实推进共同富裕，不断增强人民群众获得感、幸福感、安全感。"作为一名特教老师和一名特殊孩子的母亲，我的获得感、幸福感、安全感是双倍的。"作为一名特教岗位上的共产党员，让这些特殊的孩子得到幸福，让他们的家庭得到幸福，正是刘玲琍的初心与使命。

今天的特教孩子，遇上了最好的老师，赶上了最好的时代。

（原载于《中国教育报》，2024年4月11日，李伦娥参与）

谷金双：让教师发现更好的自己

"她住得最远，来得却最早。""她最听不得孩子哭！""是她让我发现了更好的自己。"……提起刚来两年多的新园长，教师们你一言我一句，有很多话要说。

从教师们幸福甚至兴奋的表情中能看出：他们打心底里认可这位新园长。她，就是北京市朝阳区秀园幼儿园园长谷金双。

"看见"孩子

一见面，教师罗楠就先讲起了桌子挪了6次的故事："园长第一次来我们教室，一眼就发现门口的桌子摆放有问题，她利用午休时间带着我调整了6次，终于解决了门口拥挤的问题。"

"当你蹲下来用孩子的视角去观察，一切都会发生变化。"在谷金双看来，好的教学方法、教育改革，都是从"看见"孩子开始的。

在谷金双的启发下，秀园幼儿园正在变成一个有儿童视角的乐园——各个教室内不再简单分成孤立的区域，而是用一日活动的规律串起各个区域：在大（2）班一角，孩子们在图书区自发建造了一个"盘丝洞"，单一的阅读空间和美工区进行联动，功能变为多元化的"看、读、演"。

教育活动不再一成不变，而是在孩子的发问中不断被拓展延伸：在中（2）班，一根普通的面条经历了面点制作、面条生日会、面条外卖等阶段，也把不同班级联系起来。

"空间、材料，都在按照孩子的视角重造。"保教主任杨晶悦体会很深，原先是幼儿园"给什么教什么"，现在是孩子"需要什么就买什么"。

激活每一位教师

谈到教师的成长，中（2）班班主任李乐和记者讲起了 8 次眼泪的故事："去年幼儿园让我参加一次全国展示活动，在准备期间，活动方案、课件等都被我的团队毫不留情地批评指正，我也一次次流下了泪水。"

李乐说的团队，包括同班教师、教研组成员、保教主任和科研主任，甚至园长。在团队的严苛指导下，李乐实现了蜕变，收获了掌声与荣誉。

谷金双常说："没事，有团队！"在她看来，一个人走得快，一群人走得远。

团队理念、科研思维，正在秀园幼儿园向深处扎根。在谷金双的带领下，科研成为标配，教师不断被激活。

教师得到更多赋权，班本化教研遍地开花：南北粽子的体验与制作，《西游记》"识"人物、"辩"情节、"演"片段……班本活动走向多样化。

教研中，原本一个个纵向的教研组被打通，开展横向联合教研，教研组间形成双向赋能机制，园本教研逐渐形成了"1+2+N"的教研模式，即 1 个核心领导小组 +2 个教研组组长轮制 +N 个小组长，开创了教研协同新局面。

"园长总能看见每一位老师的闪光点，激活每一位老师。"教科研骨干王芳说，园长因人施策，对成长期教师给予鼓励和等待，对成熟期教师给予包容，对骨干期教师给予点拨和托举。

谷金双坚信，好教师是鼓励出来的。

家长成为"合伙人"

这两年，小班家长惊喜地发现，传统印象中，9 月开学，幼儿园门口"听取哭声一片"的现象改变了，孩子入园就像回家一样快乐。

原来，谷金双 2022 年开始推行"渐进式入园"活动，从最初的亲子陪伴入园，到两小时独立入园，再到半日入园，最后到全日入园，使孩子顺利过渡，获得家长一片好评。

"要把家长从独资人变成合伙人。"谷金双说，想家长之所想，很多难题就会迎刃而解。

——超前预设：幼儿园通过调研全体家长的需求，形成了主题式家长课程培训体系框架，变"片段式""浅层次"的交流为深入培训。

——全程融入：家长不仅可以走进幼儿园体验营养师、安全员、保育员等角色，还可以深度参与园所的班级管理、教研活动等，从参观者转变为参与者。

——陪伴成长：幼儿园不仅邀请了社区工作人员和家长走进园所开展健康宣教、升旗仪式及法治教育等活动，还让孩子走进社区，参观附近小学，参加垃圾分类等活动。

经过两年多的努力，谷金双带领团队创新了全程超前伴随式家园共育机制，构建了家长孩子共成长、家长幼儿园共培育、家长教师共陪伴、家园社共协同的育人模式。

"看见孩子、成就教师、尊重家长。"在从事幼教工作的 21 年中，谷金双一直秉持这样的信念，下一个 20 年，她仍将初心不改。

（原载于《中国教育报》，2025 年 4 月 13 日）

张杰："寡妇村"变成"秀才村"[①]

张杰，终于可以擦掉那块留在学校阅览室黑板上已经9年之久的粉笔字了。故事发生在贵州省纳雍县水东镇以则孔村，一个曾因涉毒严重而被世人熟悉的贫困山村。

1996年至2002年间，羊角山深处的以则孔村100余户人家就有42名涉毒人员，他们获刑后妻离子散、家庭破碎，村子留下24名老人、22名年轻妇女、49名孩子，成为羊角山里的"寡妇村"。

涉毒严重，究其原因，主要是因为当地无路、无水、无电、无学校、基层组织无战斗力的"五无"情况。直到2003年，以则孔村的学生才走出了民房教室，拥有了第一所正规意义上的学校。一场没有硝烟的攻坚战也在以则孔村展开。

2007年，大学毕业的张杰参加全县教师招考，志愿回乡从教的他被录取到以则孔小学任教，成为以则孔小学的第一位公办教师。

到校第一天，眼前的景象让张杰内心五味杂陈：全校只有20多名学生、1名代课教师、2间简陋的办公室、3间破旧的教室，遍地垃圾……这一切，让张杰想打退堂鼓。

而一名学生的出现改变了张杰的人生选择。

2008年秋，以则孔小学招收了30名一年级学生，有6名是涉毒家庭的孩子，其中包括村民安晓思（化名）的儿子小义。按照惯例，开学前需要开一场家长会。那天，安晓思因地里的农活耽误了一会儿，小义无助地站在校门口等妈妈。

"你爸爸怎么没来？"当时不了解情况的张杰问道。

---

① 原标题为"羊角山里的'秀才村'"。

听到老师问话，小义一下子大声哭了出来："爸爸被警察抓走了……"

张杰恍然大悟，一把将小义搂在怀里。后来安晓思来了，看到此情景也哭了起来。张杰说，他永远忘不了年幼的小义当时身体的颤抖和手脚的冰凉，那是毒品留给一个孩子的伤害。

也就是从那时开始，张杰暗下决心要通过教育与毒品作战，而他手中的武器是家访。于是，茶余饭后、周末假期，村子里多了张杰的身影。

"像家人一样对待"是张杰家访的秘诀。走村串户时，张杰默默把涉毒家庭的困难装在心里：何家缺少劳动力、刘家需要政策兜底、王家思路还没打开……他就像全村200多户的"户主"一样，对每一户的情况清清楚楚。

母亲独自抚养多个子女、老人多病、涉毒家庭多是深度贫困户，通过家访，张杰渐渐摸清了涉毒家庭的特征，也找到了他们摆脱贫困的钥匙。

申请资助，让张杰成了助学政策行走的"明示牌"；申请低保，让张杰变成村委会的"账本"；增加收入，让张杰成了政府的得力"助手"……

在张杰看来，一个个涉毒家庭初步摆脱贫困只是第一步，对未来产生信心，才是关键，而这离不开教育。

升到四年级的小义渐渐变得内向。早就注意到他的张杰，适时和安晓思商量，带他去看服刑的爸爸，并鼓励他给爸爸写一封信。在信中，小义写道："每天妈妈天还没亮就起床，晚上天黑了还没回家……爸爸，您快点回家吧，您一定要快点回来！"

回来后，张杰摘了信中的几句话，写在了阅览室黑板上的禁毒专栏里，没有署名，并和小义约定：考上大学，就擦掉。

受到"激将"的小义有了志气，并且越来越喜欢读书。张杰适时引导小义建立阅读习惯，"小学毕业时，他已经看了我们阅览室三分之一的书"。

一进以则孔小学，门前墙上的荣誉榜引人注目，32张灿烂的笑脸，是全村考上大学的学生照片，其中有12个是涉毒家庭的孩子。

这个榜单，搅动了村子。一时间，上大学成了村民和孩子一家人的希望。

因贩毒服刑释放后的何辉星（化名），发现自己的4个孩子都已长大，在张杰的班里努力求学上进。"毒品我再也不敢碰了，要向孩子学习。"何辉星出狱后开始搞养殖，目前已经有几十头猪了，甚至还做起了承包生意。

本来要退学的何靖（化名），在张杰的劝说下坚持读到了职校，掌握了技术，现在和哥哥一年能挣到 40 多万元。

以则孔在各级政府的帮扶下实施综合整治，自 2002 年以来再没有制毒贩毒现象，成功从昔日的"毒情重灾村"蜕变成现在的"禁毒示范村"。

以则孔村小学也新建了两栋现代化的教学楼，从只有 20 多名学生到现在的 104 名学生，从 1 名代课教师到现在的 8 名教师，从教学成绩全镇挂末到现在的名列前茅，昨天的"寡妇村"成为今天的"秀才村"。

"今年又多了 10 名大学生。"已升为校长的张杰内心很自豪，2000 年以前这里没有初中毕业的学生，现在全村已有 42 名大学生了，"小义今年也考上了贵州师范大学"。

他说："阅览室黑板上的粉笔字终于可以擦掉了。"

（原载于《中国教育报》，2020 年 9 月 21 日，梁丹、王家源、单艺伟参与）

邱海涛：他用废桌子腿给学生做板胡 ①

"金牌调来银牌宣，王相府来了我王氏宝钏。"4月23日恰逢周末，在河北省易县尉都乡尉都村文化活动广场上，尉都中心小学学生唐新月带来河北梆子《大登殿》选段，一亮嗓就引来村民的阵阵喝彩。唐新月的一招一式颇有点专业演员的范儿，这要归功于邱海涛的悉心指导。

邱海涛今年35岁，双手已然布满了老茧。问及老茧的来历，他回答说："干活儿多呗。"原来，给唐新月和学校戏曲兴趣小组同学们伴奏用的板胡是他亲手制作的，有几把就放在音乐教室里，看上去相当精美。

2011年，邱海涛放弃县城的工作，选择在农村做一名普通教师，来到了他乡村任教的第一站——紫荆关中心小学。因为学校缺音乐教师，原本学美术的他需要转行。那段日子，每天除了吃饭，他都在音乐教室里练琴，一直要练到晚上11点。音乐专业毕业的爱人王华则成了他的老师。周末本来是分居两地的小夫妻欢聚的时间，也变成了两人一起学习音乐的时光。

邱海涛在工作中渐渐感觉到，除了上好音乐课之外，如何利用课余时间培养孩子们对音乐的兴趣也很重要。自幼酷爱戏曲的他，把目光瞄向了河北梆子。易县紧邻河北梆子的发源地之一——定兴县，梆子戏在当地流传甚广。

河北梆子最重要的乐器是板胡。由于市面上板胡价格比较贵，邱海涛经过认真思考，决定自己试着制作板胡。说起来容易，做起来难。制作板胡所需的贵重硬木不好找，他就地取材，用学校废旧的桌子腿经过精心刨、削制成琴杆，用椰子壳胶合桐木板制成音箱，用钢锉一点点锉成上弦用的木轴，还学会了用手钻在琴柄上开弦孔、用废弃的麻将牌制作板胡腰码。最后，根

---

① 原标题为"有一种年华与山花一起开放"。

据从网上查到的相关标准，一遍又一遍反复调试。就这样，他的第一把板胡终于制作完成了。如今，邱海涛已经制作了近 10 把板胡和京胡。

有了家伙什儿，学校音乐兴趣小组也就开张了。在音乐兴趣小组中，邱海涛跟学生一起学习、一起进步，村里的老艺人、网络以及自己的爱人等都成了他学习板胡演奏的老师。2012 年 5 月，在易县中小学艺术节上，音乐兴趣小组学生的板胡演奏获得一等奖，邱海涛也被授予"山区特色教师"荣誉称号。

2013 年，为照顾患病的母亲，邱海涛调回老家尉都乡尉都中心小学，还教音乐。他把河北梆子、豫剧、京剧等引入课堂，成立了民乐和戏曲兴趣小组，组织有兴趣的学生学习民乐演奏和戏曲选段演唱。2015 年 10 月 31 日，在本报记者的牵线下，尉都中心小学举办了首届戏曲节，并邀请一级演员韩建华、兰宝忠、金民合及知名票友李永丰等莅临指导。在戏曲节上，戏曲兴趣小组的学生化上彩妆、穿上戏服，登上了真正的舞台。

（原载于《中国教育报》，2016 年 5 月 16 日）

李二伟：变废为宝的校园"魔术师"

"老师，机器人说话了，盐水能导电。""老师，机器人没说话，食用油不导电。"2017 年 4 月 18 日，在北京市密云区新城子镇中心小学科学教室里，四（2）班的学生正在用一台自制的导体绝缘体检测仪进行导电实验。

这台检测仪是用废旧木头制成的一个机器人，嘴巴上安装了小音箱，两只手里装上了电路；在机器人面前，摆着一排用废旧小瓶子装的盐水、食用油、糖水等液体。通过机器人手上的两根电线，就能检测不同液体的导电与绝缘属性。检测仪出自该校科学教师李二伟之手。从制作第一件教具"风的形成演示箱"开始，14 年来，他四处"淘"材料，已经先后制作了大大小小、不同类型的教具 100 余件。

谈起为什么要自己动手制作教具，李二伟说，抽象的科学知识对于大山里的孩子而言理解起来有难度，上课时如果能拿出形象化的教具演示一下，所有的问题都将迎刃而解。前面提到的"风的形成演示箱"，让他至今记忆犹新。科学课上讲到"风的形成"，他反复强调原理，可孩子们还是一脸茫然，课后作业也反映出成堆的问题。就这样，他下课后开始画图、设计，到处寻找合适的材料。两个月后，"风的形成演示箱"诞生了。

演示箱是用废旧木板钉成的，玻璃管是废弃的灯管，小风车是学生用手叠的，箱子里还有房屋、树木。在课堂上，学生被"风的形成演示箱"深深地吸引住了，平时不容易观察到的自然现象变得一目了然。看到孩子们欣喜的表情以及课堂教学效果的大幅度提高，他下定决心要把这条路坚持走下去。

从此，在学校的科学实验室、办公室里，陆续多了电热切割器、弓形锯、锤子、小钢锯、冲子等工具；在校园、乡村甚至废品回收站里，经常能看到正在"淘宝"的李二伟；"起重机模型""气压式喷水火箭""通电螺线管中磁场""太阳能的利用示教板"等教具陆续被制作出来,几乎涵盖了科学课的所有内容。

新城子镇中心小学校长吴春生说,李二伟制作的"土"教具形象、实用,极大地提高了课堂教学效率,同时培养了师生的创新精神和实践能力。动手制作、变废为宝,不仅促进了科学课的教学,还带动学生成为科技小能手,校园成为创新的乐园。李二伟指导学生用废弃的木棒、木板等,制作出了画跑道用的工具,解决了体育老师画跑道线条不流畅、宽度不均匀的问题……

李二伟自己动手制作的教具先后在北京市、密云区的有关评比中荣获一、二等奖,他本人也被评为"北京市自制教具市级骨干教师"。

(原载于《中国教育报》,2017 年 5 月 8 日,樊世刚、施剑松参与)

陈华平：当三个班班主任的"传奇"

现今中小学校，一位老师任一个班的班主任，或者兼着其他班级的学科教学，再正常不过了。比较普遍的现象是，很多年轻人不愿意当班主任，怕被学校、班级琐碎事务"套牢"。一边校长头痛"班主任不好选"，另一边教师抱怨"班主任不好当"。

而在重庆市万州区江南中学却是另一番景象：不是随便哪个人都可以当班主任的，"责任和热爱"排在第一位；班主任不仅可以带一个班，还可以带两个班、三个班；当两个班、三个班的班主任虽然"多吃多占"，但很受尊重，很光荣。

当三个班的班主任不是"神话"

这是一所兴建的学校，学校依山就势，步步升高。

校长陈华平就像一个大男孩，儒雅又充满朝气。"住校不是因为路近，而是因为心近""我们做的不是饭菜，而是留给孩子们的未来记忆""后进生是围绕教师转的卫星"……跟他聊天，各种"重庆言子"时尚扑面。

班主任工作是学校的关键之一，是重点，也是难点，对此，陈华平招数奇多。一个教师可以当三个班的班主任，你见识过吗？

"同时当三个班的班主任！那怎么可能？这简直就是神话，是超人才能做的事。且不说三个班的成绩好与坏，光纪律你能不能同时管得过来？"当初，钟毅老师和同事们都抱有同样的想法，"每天有处理不完的班级事务，一个字——'累'"。

但这样的事就落在了钟毅的身上。同时带三个班，如果按传统的班干部模式根本行不通。于是，他把提高班主任工作效率作为一个课题来研究。

他向已带三个班的易老师请教管理秘诀；向老班主任学习管理工作特长；咨询科任老师，了解他们需要学生具备什么样的特质；深入学生，了解他们对学习的看法。同时，他每天大量阅读班级管理、中学生心理学、企业管理、青少年励志等方面的著作。

在学习、实践和反思中，钟毅慢慢地摸索出了一套有效的班级管理模式，架构起了"人人有事做""师徒合作学习""教练型班主任"等班级管理理念，着力打造班级目标一致、共同进退、高质量沟通三个特色。

实施"三大负责制"：组长与值周小组负责班级事务；班主任负责对"师父"的整体管理，"师父"负责对"徒弟"的具体管理；课代表负责对各自科目学习情况的监督。

接手一个学期，原来班级排名位于年级第 14 名、倒数第三的 16 班，变为正数第二。目前，他所带的三个班各自成了本年级最优秀的班级。

"重要的事情让优秀的人来做"

"重要的事情让优秀的人来做"，这是陈华平校长的口头禅。其实，在江南中学，第一个担任三个班班主任的就是陈华平。

这是一个把"追求卓越"融入骨子里的人。陈华平告诉记者，一般人认为卓越就是登峰造极，一人在上，万人敬仰，"我们的卓越是跟自己比，超越自己就是卓越；跟昨天比，超越昨天就是卓越""所有的超越都是踮起脚尖就能够得着的"。

江南中学有个不成文的规定：只有在带一个班时，该班成为年级第一，该班主任才可以带两个班。而两个班在年级都最优秀时，班主任才有资格担任三个班的班主任。

也就是说，最优秀的人才能当三个班的班主任。

冲着这种实力，钟毅、易丰、李建都是佼佼者。还有带两个班的谢鹏、谯永平、范丹丹、冯地春、冉宏坤、张政清……

常常有老师问钟毅："带三个班你累不累？"他笑了笑实话实说："我是

真的不累，因为完成多个班的工作不是机械的数量累积，而是着力管理、效率优先、科学引导，是程序设计、过程监督、目标激励、点燃激情、讲求方法，更是江中每个班主任都牢记的治班理念——每个孩子都值得期待。"

"用 6 年的时间让孩子受益终生"

"老师真的要多学习，要由传统型的班主任向教练型班主任转变。"钟毅认为，"任何教师都可以成长起来，都可以变为别人眼中的传奇，关键是看你有没有足够的决心通过学习找到方法，在遭遇怀疑时有没有足够的自信坚持自己的理想，在失败时有没有足够的毅力从头再来。"

"没有做不成的事，只要选对路，想干事，注重方法，事就能做好。"校长陈华平常常这么说，他希望"用 6 年的时间让孩子受益终生"，从而实现"遇见最美的自己"的发展愿景。

这三年间，学校也是铆足了劲，以短跑的速度跑长跑，走完了众多市级重点中学用十几年甚至几十年才走完的路，真正实现了"用经验打败经验，用空间打败时间"。

如今，学校从建校之初的 10 亩薄地，扩展到了 230 亩绿意盎然的雅苑。从教会人做人的君子广场，一步一个台阶走向学子广场、骄子广场，再走向成功成才的才子广场，处处皆文化，处处皆教育。

下课铃声响起，在校园里听到的不是突然打断人思维的"铃——铃——"的长音，而是一句温馨的提醒——"大家出来休息吧，听听花开的声音"，柔美悦耳而舒服。

（原载于《中国教育报》，2017 年 1 月 3 日，与胡航宇合作）

"最东教师"柴玉平：我把太阳迎进祖国 [①]

在祖国最东端的城市——黑龙江省抚远市，这座被温情包围的小城里，教师柴玉平的名字，已成为一个温暖的存在。在 25 年的教育生涯里，她用实际行动践行着"为党育人、为国育才"的使命担当，用她那炽热的心灵之火，点燃众多学子内心深处的灯塔，以其无尽的温暖，照亮一个又一个家庭的前行之路。

"爱在哪里，哪里就会开出美丽的花。"这是教师柴玉平写在教育随笔中且被她奉为至宝的话。

硕儿是被柴玉平改变的众多学生中的一个。这是一个幼年时便经历了父母离异的孩子，因为爱的缺失，他不仅自暴自弃，对世界也满是敌意。在他生日那天，柴玉平早早就订下一个足够全班学生吃的蛋糕，蛋糕上"宝贝生日快乐"的祝福语硕大醒目。

当柴玉平叫着硕儿的名字，把生日"王冠"戴到他头上，随着《生日快乐》的歌声响起，那个曾经总想着攻击别人的男孩瞬间泪流满面。柴玉平鼓励、关怀着硕儿，像对待自己的孩子一样对待他，三年下来，硕儿不仅以优异的成绩顺利考进高中，还在刚刚结束的新生军训中被评为"标兵"。

"您是我见过的最负责任的班主任，是您将迷茫的我从深渊中拉出来……是您给了我勇气和信心，如果没有您，就没有现在的我……"泪痕斑斑的贺卡上赫然署着硕儿的名字。

"我总相信，爱可以治愈一切。"夕阳的余晖打在柴玉平班务日志扉页清秀的文字上，打在柴玉平真诚清澈的眼眸上，宁静且美好。

---

① 原标题为"黑龙江抚远二中班主任柴玉平：'和太阳一起奔跑！'"

"每一名学生都是宝藏，只要我们相信。""每个孩子都是家庭的希望，祖国的未来，我们不能辜负。"每带一届新生，柴玉平都要在心里将这样的话默默地说上许多遍。

2021年，全校唯一的残疾少年被分到了柴玉平的班里。这个叫松子的孩子一个耳朵全聋，另一个耳朵仅存一丝听力。在了解到情况后，柴玉平始终相信，通过努力一定能把松子送进高中的大门。于是在树立好孩子的自信心后，她把松子安排在教室的第一排，为了让松子能听清讲课内容，柴玉平故意提高分贝，日日喊，月月喊，一喊就是三年。

而今，松子和其他正常的孩子一样如愿坐在了高中的课堂上，阳光、懂事且坚强。

刚开始鼓励班里的学生进步时，个别学生以为柴玉平在给他们"画大饼"。但当他们以近百分之百的升学率考上高中时，孩子们抱着柴玉平转圈圈，嘴里不停地喊着："柴妈做的'饼'真香！"

但凡见过柴玉平的人，都会被她的热情打动，被她的激情感染。"柴老师的脚上那是安了风火轮的。""把孩子放在柴老师的班里，最让人放心。"这是学生、家长、同事给予柴玉平的评价。

抚远是太阳升起最早的地方，25年来，柴玉平每天坚持和太阳一样早起，和太阳一起奔跑。她几乎每天都是第一个来到学校，照例开窗通风，在黑板上标注一天的课表，打扫好室内外卫生后，迎接学生们进校，和学生们一起晨读、跑步、跳远、跳绳，一整天的精神都是饱满的。

25年来，柴玉平没有请过一天假，没有耽误过学生一节课。她在手术后，弯着腰讲课的身影，成为学生心中永远定格的画面。

"当热爱成为一种信仰，每一天都会有无穷的力量。我们要努力活成被更多人需要的好老师，越被需要就越有价值……"

只要提到教育，柴玉平就满眼幸福。正如她每天都微笑着对待每一名学生。不抛弃、不放弃任何一名学生，是众多家长为柴玉平贴上的标签。

"爱如甘泉水，柴门桃李丰。玉成学子梦，平为路塔灯。"学生孙语辰为柴玉平写下的藏头诗，道出了许多学生的心声。

扎根边疆教育，为祖国培养更多优秀的人才，柴玉平二十几年如一日，用踏实的行动践行着一名基层班主任的"最东最红最忠诚"的誓言。

（原载于《中国教育报》，2024年9月16日，与吴旭光、樊香玲合作）

"最北校长"马建国：身在最北方 同心向强国 ^①

今年春节，马建国代表异常忙碌：深入困难家庭、走访学生，与班主任、教师深入交流，走访北极村民宿、餐厅了解旅游市场需求……

当被问及为什么安排这么满时，全国人大代表、黑龙江省漠河市立人学校校长马建国说："当了全国人大代表后，有一种时不我待的紧迫感。我需要利用一切可用的时间，多倾听师生、群众的心声，真正提出有利于老百姓的建议！"

去年他提出了"加强边境县教师培训"的建议后，黑龙江省依托哈尔滨师范大学，对全省边境县的全体教师分 3 批进行了轮训。马建国说，建议得到落地，更觉肩头责任之重，因此每一句建议都要经得起推敲。

马建国今年 50 岁，老家在山东省菏泽市。1997 年，他从黑龙江省克山师范专科学校毕业后，留在祖国北疆，成为漠河北极镇中心学校的一名教师。

"我上大学时，一位老师告诉我，漠河是我们国家唯一可以看到极光的地方。大学毕业后，我一路向北踏上寻光之旅，曾经我也有机会离开，但孩子们需要我，我放不下他们。"当记者问马建国为何在这个边陲小城坚守这么多年时，他回答道。

在北极镇中心学校工作 25 年后，2022 年 9 月，马建国被调到漠河市立人学校担任校长。来到立人学校后，他提出并践行"创办北纬 53°有温度的教育"这一理念。

北纬 53°是漠河的纬度。最北、寒冷，这看似不利的标签丝毫没有影响

---

① 原标题为"全国人大代表、黑龙江省漠河市立人学校校长马建国：身在最北方　同心向强国"。

这里的教育人迈向强国的热情和速度。"身在最北方，心向党中央"成为漠河人最纯真的表达。

2023 年 9 月 6 日，习近平总书记来到黑龙江省漠河市北极村考察。在村民史瑞娟家的民宿小院，习近平总书记向乡亲们了解当地发展乡村特色产业、助推兴边富民乡村振兴等情况。他指出，这里的旅游资源得天独厚，地方党委和政府要提供政策支持，坚持林下经济和旅游业两业并举，让北国边塞风光、冰雪资源为乡亲们带来源源不断的收入。

在习近平总书记的关心下，岁末年初的大东北好不热闹，不仅哈尔滨火出了圈，就连更冷更靠北的漠河、北极村也成了热门的"打卡地"。特别是号称"中国北极"的北极村，迎来了游客的爆发式增长。人们说，越冷越向北。

牢记习近平总书记嘱托，回应百姓关切，履职一年来，马建国说，他的目光更宽了，乡村旅游、基础建设也成了他眼中的事。

马建国介绍，受经济体量小、财政资金紧张等因素影响，漠河市本级财政在基础设施投入上力有不逮，供热、供水、供电等基础设施较为薄弱。比如，北极村在旅游旺季时常出现供水不足问题。同时，漠河国道、省道、通村公路沿线信号覆盖率较低。

今年，除了提出"建议加大职称评审改革力度、完善边境地区教师评价机制"的教育建议外，马建国还提出，希望国家能够将北极镇纳入兴边富民行动中心城镇试点，在基础设施建设、公共服务、乡村振兴等方面给予更多支持。

（原载于《中国教育报》，2024 年 2 月 21 日）

"创新校长"马恒燕：创新要从源头抓起

最近刚开学，因为一件事，全国人大代表、宁夏银川市二十一小学校长马恒燕更加坚定了学校创新的步伐。

开学后不久，二十一小学 100 门自主拓展性课程，很快就被等在电脑后面的学生及家长抢光，学生们戏称为"秒课"。

为什么这些课如此受欢迎？全因为都是学生们特别喜欢的，劳动技能课、石头画等充满乐趣又饱含创新素养的拓展性课程，真正让兴趣成为老师。

那么，学生的兴趣从何而来？二十一小学的老师会告诉你，那就是培养和保护学生的好奇心。

走进二十一小学的课堂，学生们都会或明或暗地被问到四个问题：你知道了什么？你想知道什么？你学会了什么？你还想知道什么？

这是学校的四问四答教学法，着眼于探究式教学。目的只有一个——培养学生的好奇心。

"保护学生的好奇心和兴趣，才能建立起探究的意识、培养起创新的素养。"副校长张宏玉介绍说。

从 2015 年起，宁夏在幼儿园和义务教育阶段启动实施以创新人格、创新思维、创新方法为主要内容的创新素养教育实验试点工作。二十一小成为全区首批创新素养教育试点校。

随即，马恒燕带领教师团队组建了创新和课改工作室，重构了所有课程和活动，悉心呵护孩子的兴趣，在创新人格、创新思维和创新方法的引导培养上下足功夫，让创新素养的培养在课程、教学、德育等方面全面落地。

目前，全区实验试点学校从 2015 年的 3 个市、县（区）的 16 所扩大到目前覆盖全区所有市、县（区）的 649 所中小学和幼儿园，参与实验试点的教师从 1200 人扩大至 4.3 万人，实验试点的学生从 1.3 万人扩大到目前的

46.2 万人。

一时间，创新成为引领宁夏教育下一步内涵发展的动力源。

"一个人创新能力的大小，很大程度上取决于早期开发，特别是儿童和青少年时期，开发得越早，启蒙得越早，就越能给孩子播下创新的种子，这就是为什么我说创新要从教育的源头抓起，就要从培养人的最基本的工程做起。"马恒燕说。

作为宁夏代表团唯一的教育系统全国人大代表，马恒燕说："去年两会，我建议教育部在国家基础教育阶段实施创新素养教育，通过课程整合，落实创新素养目标，把创新素养融入到我们教育教学的各项管理当中去，希望国家能够把宁夏作为一个创新教育先行试点区。"

"一年来，随着培养创新素养实践的深入，我将进一步深化我的建议。"她坦言，一是希望政府能够给予一定的财政资助，用于购买服务，以确保学校能提供稳定高质的创新课程和师资；二是建议国家在各省区设立国家级的创新素养教育实践研究中心，统筹国内一流教科研力量，对推广创新素养教育行动进行研究、指导和培训。

（原载于中国教育新闻网，2019 年 3 月 2 日，柯进参与）

"亲民校长"罗胜联：在"校长约吧"里倾听学子声音

在马克思主义学院教研部听取两位思政课教师的教学感受，在航空制造工程学院"春晓班"学生党支部参加党日活动听取学生想法，在电子信息工程学院听黄伟英老师讲授"中国近现代史纲要"。

这是全国人大代表、南昌航空大学校长罗胜联2月27日上午的安排。

3件事都是听，而且主题也是同一个：思政课实践化。

如何让思政课褪去晦涩外衣，进入学生内心？如何让思政课更加实践化、生活化？以上问题，罗胜联都准备通过听来收集和研究。

"八一南昌起义纪念馆、瑞金、井冈山……这些江西本土丰富的红色资源都可以成为课堂。""国庆节、党日活动甚至辩论赛、运动会，都可以成为育人的载体。"……

一个个想法、一条条建议，一一被记录在罗胜联的本子上，更记在了他的心里。

作为江西省环境工程学科学术带头人，如何才能当好一所综合高校的校长，如何才能履行好全国人大代表的职责？

"勤走、勤听、勤记、勤思。"罗胜联用了四个"勤"，来形容这一年来的履职道路。一年来，他利用业余时间，深入企业、工厂、居民区，用心倾听企业的愿望和呼声，了解群众的利益诉求，分析问题所在，提出解决方案。

作为校长，他还将调研与本职工作紧密结合，借助学校每月一次的"校长约吧"平台，收集来自青年学子的意见，倾听他们的声音。

"校长约吧"是一种小规模、高频度、精致化、强互动、可自由选择的"谈话"形式，是一个走近学生、倾听学生的新阵地。

从大学排名到学生宿舍空调安装，从课程安排到物理实验，从保研名额到科技创新竞赛……温馨、舒适的"学生成长之家"内，一片欢声笑语，校长和学生们如老友般谈天说地，各抒己见，其乐融融。

"校长约吧"活动每月 20 日左右举办，学生提前通过微信平台在线自由报名参加，同时提前提交拟交流主题。文法学院学生邓雨婷参加过两次"校长约吧"，她说："校长真的是一个很善于讲故事的人，他平易近人、朴实真诚的态度令大家十分感动，毫无'套路感'。"

综观收集的问题建议，学生们提出的物业管理、食堂饭菜质量、环境改善等方面的意见比较集中，其中确实不乏合理诉求，"校长约吧"并不避讳，并按照轻重缓急逐一解决。

空调安装问题在"校长约吧"提出之后，数千台学生宿舍空调目前已经安装到位。考研复习场所不足的问题提出之后，学校已经增设考研专用复习教室，图书馆亦迅速增加 1000 余个座位。

随着"校长约吧"活动影响力越来越大，全校各个二级学院也开始举办类似活动，如飞行器工程学院"教授约吧"、环境与化学工程学院院领导"五个一"工程等。集群合力之下，全校的思想政治工作资源得以集聚，力量得以下沉，任务得以落实。

从野生动物保护、通航产业发展、土壤污染问题、中西部地区人才培养，到小学生上课时间调整、零部件制造标准，罗胜联所提的建议都是通过深入基层、倾听心声而得出。在他看来，"用心倾听，感知师生的热度，才能管好学校，也才能提出有温度的建议"。

（原载于《中国教育报》，2019 年 3 月 2 日，柯进参与）

"陶瓷校长"宁钢：整个景德镇都是我们的校园

一座城，一所大学，皆因陶瓷而兴。

看到这句话，无须多言，很多人脑海中都会立即跳出 3 个字：景德镇。

一所坐落于千年瓷都，以陶瓷产业为特色的大学有着哪些独特的办学理念和故事？对此，两会期间，记者采访了全国人大代表、景德镇陶瓷大学校长宁钢。

从 1978 年考入景德镇陶瓷大学（当时名为景德镇陶瓷学院）读书到如今担任校长，宁钢与景德镇结缘已有 40 余个春秋。

履职一年多来，宁钢一直在为倡导传承和弘扬中华陶瓷文化而努力。连续两年的全国两会上，宁钢建议实施"中华陶瓷文化传播工程"，开展陶瓷文化"三进一融"（进中小学校园、进社区、进孔子学院，融入"一带一路"建设），让陶瓷文化实现更好地传承，同时走向更广阔的国际舞台。在他看来，陶瓷文化是中华传统文化的代表，具有深厚的历史文化底蕴，弘扬好陶瓷文化有助于讲好中国故事、传播好中国声音、展现中国风貌。

到过景德镇的人，都会对这里浓厚的"陶瓷味"印象深刻，作为一所以培养陶瓷人才为特色的高校，景德镇陶瓷大学与这座城市有着千丝万缕的联系。

"整个景德镇都可以看作我们的校园，我们是没有院墙的。"宁钢说，他的很多时间是在景德镇的陶瓷基地、陶瓷企业、窑厂里度过的。与产业紧密结合、亲密对话，对景德镇陶瓷大学来说早已是常态。

为加快校地融合，2018 年 10 月，景德镇陶瓷大学成立了景德镇陶瓷文化高等研究院，整合相关陶瓷文化研究平台，致力于建设陶瓷文化资源、数据、人才、成果库，在更高层面对接陶瓷文化产业创新发展需求，更好地发挥文化引领作用。

作为中国唯一一所以陶瓷命名的高等学府，景德镇陶瓷大学现已发展成为中国乃至世界陶瓷文化艺术交流、陶瓷人才培养和科技创新的重要基地。

宁钢向记者展示了一组数字：迄今为止，景德镇陶瓷大学先后为景德镇乃至全国陶瓷行业培养了 7 万余名陶瓷专门人才，培养了一大批中国陶瓷艺术大师、中国工艺美术大师，近 80% 的中国建筑陶瓷、日用陶瓷品牌由学校校友创建，被业界誉为"陶瓷黄埔"。

在人才培养方面，景德镇陶瓷大学不仅提倡"工匠精神"，更要求学生有很好的理论修养和浓厚的创新意识。在这样的人才培养思路下，景德镇陶瓷大学的课程体系被分为传承和创新两大类。

"创新对传统文化类人才培养至关重要，有助于突破传统局限、打开全新视野，更好地完成传承和光大传统文化的重任。"宁钢说。

（原载于《中国教育报》，2019 年 3 月 17 日，柯进参与）

杨贤金：提振科技自立自强的"精气神"

习近平总书记指出，我们能不能如期全面建成社会主义现代化强国，关键看科技自立自强。那么，科技自立自强的关键是什么？精神内核是什么？

在全国人大代表、天津大学党委书记杨贤金看来，科技自立自强的精神内核，是创新精神、国际视野、家国情怀，也是精、气、神的凝聚。

精：创新精神是不竭动力

和记者一见面，杨贤金就开门见山地说："科技创新是实现高质量发展的必然选择。"

的确，科技创新从来没有像今天这样，深刻重构着世界。

"教育是一个'点石成金'的过程。"杨贤金解释，教育可以把"人"变成"人才"。我国有着人口优势，如果能通过教育把更多的"人"变成"人才"，那么我们的创新创造能力在世界上肯定是领先的。

"高校是教育、科技、人才的交汇点，是科技创新的策源地，是培养创新人才的主阵地。"杨贤金指出，创新人才培养的关键在于培养模式的创新，紧扣高素质人才培养助力国家科技创新能力提升，是高校高质量发展的应有之义。

从世界范围来看，有70%以上的诺贝尔奖产生自各国高校；从国内来看，高校获得国家科技三大奖达三分之二以上，承担着超过70%的国家自然（社会）科学基金项目。

党的十八大以来，国家正在阔步走向高等教育强国。在实现中国式现代化进程中，杨贤金认为高校也应该正视一些问题并加快改革步伐：第一，高校教学模式有待创新；第二，实践教学体系建设有待完善；第三，高等教育评估体系仍需改革探索。

"新时代高等教育的生态应是百花齐放。"杨贤金建议，在分类管理、分类评价的基础上，应改变以往评价指标体系由专家学者牵头研究制定的做法，让学校提出适合自身的评价方式和指标体系；同时把教育评价改革上升到事关教育治理能力和水平层面，建立科学的、符合时代要求的教育评价制度和机制。

杨贤金特别指出，要鼓励基础研究人员进行长期探索。有了这样的导向，他们就能够坐得住"冷板凳"。

谈到基础教育时，杨贤金认为，学生保持好奇心、求知欲非常重要。"我希望那些考上天大的学生一直保持旺盛的求知欲，希望他们来到这所大学是为了追求学问，而不是为了追求学位。"

气：国际视野是格局气度

过去几年，生物科研备受关注。

2022 年 9 月，世界卫生组织发布《负责任地使用生命科学的全球指导框架》（以下简称《框架》），由天津大学牵头的《生物安全科学家行为准则天津指南》（以下简称《天津指南》）作为中国提出的道德准则成为《框架》高级别原则。

杨贤金介绍，《天津指南》是第一个以中国地名命名、内容以中国倡议为主的生物安全国际倡议。《天津指南》倡导负责任的生物科研，鼓励各国政府及科研机构加强监管和自律，以促进生物科学造福人类。

这只是天津大学参与全球国际合作的一个缩影。

"现在比以往任何时候，都要强调合作。"在杨贤金看来，当今世界就是一个命运共同体，任何问题都可能牵一发而动全身，都可能会产生蝴蝶效应。

在这一背景下，天津大学坚持面向全球开放办学，全方位深化国际交流合作：学校与 50 个国家和地区的 260 所高校、研究所和公司建立了合作关系；与美国佐治亚理工学院共建天津大学佐治亚理工深圳学院，与新加坡国立大学共建天津大学－新加坡国立大学福州联合学院；加强人才国际化培养，11 个专业通过国际专业认证；大力实施"留学天大"工程，留学生规模在 2000 人以上。

"闭门造车是建不成世界一流大学的。"杨贤金解释说，对高校而言，开放合作是实现高水平科技自立自强的必由之路，是建设一流大学的"康庄大道"。

在杨贤金看来，建设教育强国，交流合作是必然。"从跟随者变成规则制定者，不应强调排他性，更应注重一体化。"国际视野，是成为领导力量的格局和气度。

神：家国情怀是最美底色

因救国而生，为强国而建，自诞生之日起，天津大学的血脉基因就根植家国情怀。

从张太雷到师昌绪，从中国第一台飞机发动机到我国地震工程领域首个国家大型地震工程模拟研究设施，128 年里，一代又一代天大人用日复一日的努力做着同一件事——兴学强国。

"大学是需要精神的。"杨贤金说，从某种意义上说，大学代表的是一个国家、一个民族的精神品质。大学科技自立自强，国家科技就自立自强。"因此，我们将家国情怀放在人才培养、兴学治校的首位。"

天津大学聚焦未来卓越工程师的培养需求，探索工程教育的新范式，率先提出了新工科建设"天大方案"，开拓工程教育改革的新路径，实现"新工科"由 1.0 向 2.0 跨越，引领新工科建设新方向，面向未来培养卓越工程师。

杨贤金说，新工科建设是我国高等工程教育对未来发展的崭新思维和深度思考，是对科技革命和产业革命的积极回应，是深化高等工程教育改革的必然路径。

"不从纸上逞空谈，要实地把中华改造。"这首传唱了一代又一代的校歌，成为天大人最真实的"素描"，也是属于以工科见长的天大人的浪漫。

（原载于《中国教育报》，2023 年 3 月 9 日，陈欣然参与）

张荣：让学科交叉成为创新"策源地"

加强基础研究，实现高水平科技自立自强，大学该如何发力？

在全国人大代表、厦门大学党委书记张荣看来，一方面，推进基础学科建设必须发挥好评价和资源分配等政策"指挥棒"的作用，以此撬动创新；另一方面，学科交叉是创新的突破点，学科交叉上必须破除壁垒、创造条件，要让学科交叉成为创新的"策源地"之一。

基础学科发展要变革

"基础学科建设力度不够的原因很多，但基础学科出成果周期长、见效慢，导致各方参与积极性不高。"张荣认为，基础学科不可能靠短期突击来解决问题，对于基础学科建设，学校必须给予长期而稳定的支持，必须在评价、资源分配等"指挥棒"上进行变革。

厦门大学通过优化资源配置，加大资源统筹力度，充分给予基础学科长期而稳定的支持。张荣介绍，2022年学校在"双一流"建设项目中，除了专项重点支持化学、生物学等一流建设学科以外，还设立了"强基固本"大类，支持数学、物理学、哲学等基础学科建设发展。

学校调整基础学科建设周期，设立基础学科建设专项和基础研究人才专项，深化科研经费管理改革，给予基础学科长期稳定、可预期的经费支持和配套措施，这让从事基础研究的教师有了坐"冷板凳"的定力。

变革还体现在学生培养方式上。厦门大学支持学生跨学科、跨专业、跨层次、跨学校修读课程，同时推进优质科研教学资源向"强基计划"学生开放、重大科研项目吸纳"强基计划"学生参与，为"强基计划"学生提供更多的教育资源、更广阔的发展空间。

张荣说，取得更多从 0 到 1 的重大原始创新，攻克前沿引领技术、关键共性技术及颠覆性技术，服务国家重大需求，是厦门大学推动学科建设的重要目标。

有交叉才有新成果

"交叉学科要发展，重点是要打破原来泾渭分明的学科专业体系。"张荣说，要打破学科壁垒，通过建平台来重新配置资源，让不同的学科能走到一起，愿意走到一起，要在交叉的过程中，培养一批复合型人才，这样最终才能实现突破。

理顺管理机制来推进学科交叉，是厦门大学打破学科壁垒迈出的重要一步。张荣介绍，学校建立教师联合聘用、跨学科招生、跨学科联合培养等评价和管理机制，为跨学科发展创造了良好的生态环境。

学校还设立数字经济与数据科学交叉研究中心等首批校级学科交叉中心，支持学科交叉融合发展。学校现有集成电路科学与工程、先进能源 2 个一级交叉学科，智能仪器与装备、海洋事务等 8 个二级交叉学科。

同时，学校还从人才培养模式上服务学科交叉。学校将转专业、辅修学位项目、跨学科课程模块等融入人才培养体系整体设计，为学生提供多样化、高度开放的选择空间，推动师资、课程、各类平台资源等共建共享，打造交叉融通的复合型人才培养体系。

瞄准国家需求解决"卡脖子"问题

只有原创性成果才能破解"卡脖子"难题，在这方面，厦大人深有体会。张荣介绍，10 多年前，由厦门大学国家传染病诊断试剂与疫苗工程技术研究中心研发的全球首支戊肝疫苗在国内上市，彻底颠覆国际疫苗界的传统认知。随后，一系列成果在这个中心诞生：首支国产宫颈癌疫苗获批上市，首个新冠总抗体诊断试剂获得 WHO 新冠血清学流调建议方案的优先推荐，牵头研发的鼻喷流感病毒载体新冠肺炎疫苗获批紧急使用……

在学科建设瞄准国家需求上，厦门大学推进学科专业结构调整，深化与国家科技战略部署的衔接。张荣介绍，厦门大学加快国家重点实验室重组，加快国家技术创新中心新建布局和国家工程中心的重组建设，还聚焦能源材料、生物医药、智能制造等领域，形成集成攻关的大平台、大基地。

瞄准国家需求不局限于自然科学领域，同时也应聚焦人文社科领域。张荣介绍，厦门大学学者围绕中国式现代化、两岸关系和平发展、南海问题、能源政策等主题，为中央和各级党委、政府提供高质量决策咨询服务。

（原载于《中国教育报》，2023 年 3 月 12 日，与熊杰合作）

严纯华：坐住坐稳"冷板凳"①

面对新一轮以人工智能、芯片技术为代表的科技革命，教育特别是高等教育发挥什么作用？全国人大代表、中国科学院院士、兰州大学校长严纯华建议，着力构筑教育、科技、人才"三位一体"贯通联动格局，加速促进重大前沿技术和颠覆性技术快速涌现、深度应用，服务支撑我国高水平科技自立自强。

"习近平总书记在参加十四届全国人大一次会议江苏代表团审议时指出，我们能不能如期全面建成社会主义现代化强国，关键看科技自立自强。高等教育作为科技第一生产力、人才第一资源、创新第一动力的重要结合点，理应自觉承担起教育强国、科技强国、人才强国的责任。"严纯华说。

严纯华表示，以教育、科技、人才"三位一体"服务支撑高水平科技自立自强，首先要以教育为切入点，全面提高人才自主培养质量，着力造就拔尖创新人才。高校要主动担当、敏锐行动，始终面向国家核心领域关键技术和国家重大战略需要，进一步优化学科专业结构，在人工智能、量子信息、集成电路等重点领域，加快布局新兴学科和交叉学科，建立健全适应不同学科发展规律的分类评价和资源配置体系，推动科教汇融、产教融合、多学科交叉育人，不断提高人才培养与社会需求的适配性。

"高水平研究型大学是国家战略科技力量的重要组成部分，要围绕有组织的科研建设大平台大团队大项目、产出大成果，积极开展跨学科、跨专业、跨院校、跨国别联合攻关，努力推动关键核心技术创新和科技成果转化，为国家创新驱动发展战略提供有力支撑。"严纯华建议，高校要进一步加强基础研究，坚持目标导向和自由探索"两条腿走路"，有组织地推进战略导

---

① 原标题为"严纯华代表：统筹教育科技人才服务支撑科技自立自强"。

向的体系化基础研究、前沿导向的探索性基础研究和市场导向的应用性基础研究，促进产生更多原创性、引领性科技成果。同时，完善科技成果转化体系，构建多层次、全方位的成果转化模式，推动实现科技创新、实验开发和推广应用"三级跳"，真正把科技创新力转化为现实生产力。

严纯华还建议，高校要始终坚持人才第一资源，积极搭建科技创新、社会服务和开展中外联合科研的重大平台，支持人才在重大原始创新、关键技术突破、服务高质量发展等方面发挥作用。重视青年人才队伍建设，让青年人才在挑大梁、担重任、当主角的过程中逐渐成长为战略型科学家。同时，持续优化人才工作体制机制改革，让各类人才的创新潜能都能被充分激发出来，转化为科技创新的活力与动力。

"要以钉钉子精神强化人才科研作风学风建设，用中国特色创新生态教育人才、感召人才、培育人才，引导人才传承弘扬科学家精神，坐住坐稳'冷板凳'、持续攀登科技高峰，切实为高水平科技自立自强贡献力量。"严纯华表示，兰州大学将探索在一流建设学科、重点研究基地设立"人才特区"，引进选育一批具有发展潜力的优秀青年人才，精心培育、组建一流创新团队，为国家高水平科技自立自强和全面建成社会主义现代化强国作出新的、更大的贡献。

在服务国家重大战略方面，严纯华表示，近年来兰州大学始终坚持以"四个服务"为牵引，围绕国家战略和区域经济社会发展需要，坚持基础研究和应用研究并重，围绕核能技术、生态环境、生物医药、先进材料与能源化学等领域，不断集聚全国重点实验室、国家级野外台站、工程中心等科研大平台，不断增强原始创新和关键技术攻关能力，成功自主研发我国首个极大规模全异步电路芯片流片。

（原载于《中国教育报》，2023年3月12日，与尹晓军合作）

姚明：坚信体育的力量

2008 年汶川地震的发生，促使姚明成立了专项慈善公益基金——姚基金。姚基金致力于助学兴教，帮助推动中国青少年慈善公益事业的发展。目前，姚基金已经援建了 18 所学校，超过一万名青少年在姚基金希望小学中学习成长。

"以体育人，开启新希望"是姚基金核心公益项目"姚基金希望小学篮球季"的理念。7 月 16 日，2014 年"姚基金希望小学篮球季"在四川绵阳北川中学落下帷幕，已连续举办三届的篮球季活动，累计为贫困地区青少年提供学习篮球的机会 151500 人次。

退役后，慈善公益在姚明生活中占的比重越来越大。用他自己的话说，就是"现在慈善在生活中占比差不多有 60% 吧"。作为知名运动员，姚明用他的热情和执着为教育贡献着自己的一份力量。他为什么投身教育慈善事业？他认为体育有着怎样的力量？在北川，姚明接受了《中国教育报》记者的独家专访。

根基不打牢，人的身体就是豆腐渣工程

记者： 我国学生的体质状况在近几年有所改善，但是，继续下降的总趋势并没有得到根本扭转。有人认为学生体质状况下降，长期看不是问题，因为人的寿命事实上在延长而不是缩短。你认为近些年学生体质状况如何？

姚明： 我认为数据是科学的。我曾经看过一份中日韩三国青少年体质对比的报告，该报告认为近 20 年来，尽管中国青少年学生的身高、体重、胸围等形态发育指标持续增长，但肺活量、速度、力量等体能素质却持续下

降。从现实来看，也确实如此。当然，现代战争需要的更多的是文化高、电脑技术高等综合素质人才，不再是单纯地端刺刀、拼身体了，但是无论战争发展到什么阶段，身体素质永远是基础。

虽然现在人的寿命在延长，但是质量如何呢？我记得中国疾病预防控制中心有一个调查显示，中国糖尿病患者有 9700 万，是世界糖尿病发病第一重灾区，并且糖尿病发病呈现低龄化、加速化发展趋势。每年世界上都会有大量的人因为运动不足而引发各种疾病甚至死亡。

楼可以造得很高，但是根基不打牢、偷工减料，那可能就是一个豆腐渣工程，就是一个"楼脆脆"。一个人活得再长，如果身体素质不行，天天往医院跑，那样的长寿又有多大意义呢？我认为完全可以通过增强身体素质，提高人寿命的质量，来拓宽生命的意义。

记者：那么，你认为学生体质状况下降有哪些危害呢？

姚明：最大的危害，肯定是影响健康。这个我们要分层来看，一种危害是让人染上致命性疾病，一种是影响生活质量的亚健康状态。致命性疾病的危害，不用说了，至于人数有多少，数据会说明问题。很多研究性报告都指出，癌症等疾病患病率在升高。

相比于前一种，后面的亚健康状态人群更大、危害更普遍、影响更长远，但更不易受到重视。尤其是对于学生而言，在学生时代就是亚健康状态，这种影响会伴随他的一生，会影响到社会甚至国家的方方面面，因为学生的健康是国民整体体质水平的基础。

再有，体质状况下降对意志的影响更值得注意。比如，肥胖的青少年，耐力弱、肌肉不发达，长久来看，不仅易得病、易受伤，还会造成自信心下降，容易受到同伴的歧视，进而会造成性格孤僻、与人沟通能力下降等问题。这样的孩子在意志力方面令人担忧。

现在的学生面对困难和挫折时，缺乏那么一种"咬咬牙就能挺过去"的能力，根源就在体质状况问题上。我不相信坚强的意志会建立在一个虚弱的躯壳上。

体育就是玩，不该被扭曲成一种技能教育

记者：现在很多城市的家长总是觉得，好孩子就是坐在写字台前读书、写字、计算，爱玩、爱体育的孩子是野孩子，将来难成大器。你怎么看待现代人对体育教育的认识？体育和教育是什么关系？

姚明：体育就是玩，我不认为爱玩是坏孩子的标签。现在的孩子，连玩的时间都没有了，这是不应该的。在没有到达一定阶段的时候，体育就是一种放松。在这种放松中，一个人才会慢慢发现自己的潜力。体育到最后是身体和头脑的结合，只有好的身体，才会给头脑等其他部位提供动力和支撑，才能最有效率地发挥出身体最大的潜能。所以，体育可以锻炼人的精神，不能人为地把体育和教育分割开来。

现在的教育很多时候热衷和关注的是结果，是一种快餐式教育，只是告诉我们客观世界是如何运行的，这是一种功利的观念。其中缺乏一样东西，就是人是如何做的。比如现在很多体育考试考什么，学生就练什么。我认为这是一种短视的行为。如果仅靠考试那点儿体育锻炼，就想支撑起一生的考验，这是不可能的。而体育是一种自我挑战，是寻找自我是谁、找到自己态度的一种运动。

回顾一下西方古代教育的历程会发现，一般是先有神学院、法学院等，最近一百多年才有商学院。神学是人的一种道德思维的教育，法律是一种社会规范的教育。有了这样的基础之后，才有了商学等更偏重技能领域的教育。东方的教育历史也是这样，先有了儒家、道家等思想，这些都是道德思想的教育。但是，现在这些先哲的思想，都被各种技能性更强的教育占据了。这是一种"取其糟粕去其精华"的行为。现在的教育，是跳过最基础的思维教育、道德教育，过分注重学习技能教育。比如最近体育特招生的问题，就是这个问题发展的必然结果。在我看来，体育、美术、音乐等教育恰恰能帮助学生去弥补这些欠缺。我们现在的教育过多关注考试，忽视了体育素质教育。

现在不是提倡文理分科越晚越好吗？体育和教育也是这种关系。目前很多体育方面的人才，一旦有了潜力，就会从正常的教育序列中剥离出去，送到体校去培养。他为什么只能成为一个体操运动员呢？他也可能成为其他方面的人才。我觉得应该等他长得再大一些，到十五六岁的时候，再让他去做决定。所以，我认为体育和教育也应该越晚分开越好。

记者：你刚才提到了体育特招生的问题。确实，在今年的中高考中，体育加分引发了很大的争议。你是怎么看待体育加分、体育特长的？强化体育的重要性，要靠哪些方式和手段？

姚明：我觉得学生的身体素质，不能通过分数去证明，不能通过加分就让他身体素质变好，必须经过体育锻炼才可以提高身体素质。体育特长生是无法从根本上提高我国学生整体身体素质的。

在中高考中强化体育的重要性，这个政策初衷是好的，但是要看怎么去执行。权力需要监督，谁给这个分数，就要去监督谁。给这个分数的标准是什么，产生的过程是否公开、是否有第三方在监督等，这些都需要我们去加强监督。从我个人角度而言，监督体育加分的最好方法就是举办体育比赛，举办有影响力的、公开的体育比赛。让大家去看，而不是只让几个人去看。放在阳光下去看，而不是采用考证这种结果式的方式。有了公开的、有影响力的体育比赛，才有了一个展示、监督的平台。

记者：目前在学生学业负担很重的前提下，诸多家长存在着"体育课会不会增加学生负担""是否影响孩子的学业成绩"等疑虑。你认为体育课会增加学生的负担、影响学业成绩吗？

姚明：在不改变现有时间格局的基础上，增加体育锻炼时间，肯定会增加负担。因为人的时间是固定的，一天就 24 小时，不可能变成 25 小时。现在的家长总想着给孩子增加很多东西，在衣食住行等方面为孩子提供更好的条件，但是唯一增加不了的就是时间。刚才我提到了，现在的孩子，连玩的时间都没有，更不用说体育锻炼了。但是体育锻炼必须花时间去体验。所以强化体育锻炼肯定是要与减轻学生课业负担相伴随的。所以，我们要改变的是现有教育时间的格局和结构，改变的是我们的观念。减的是过重的课业负担，而不是在课业负担过重的基础上，再增加体育锻炼。

体育到底占用多少时间、占有多大量才合适？这个需要有人去进行科学研究，做成量化的标准。教育部提出的阳光体育一小时，是个很好的活动，对于学校而言好操作。但是我又担心，体育一旦量化，就会催生出像体育特招生乱加分的乱象。

记者：你认为目前我们在体育教师队伍建设方面有哪些问题？

姚明：首先就是体育教师的地位不高，相比于语数外，体育教师很不受重视。但是从学生角度而言，很多体育、音乐、美术教师往往又是最受学生欢迎的。这是一种"需求"与"供给"不对应的情况。

此外，提高现有体育教师的素质也是一个关键。综合素质高的体育教师会影响学生一生。去年我们小学同学聚会时，我的小学体育教师当场赋诗一首，这让我印象非常深刻。这样爱思考、爱动脑的教师，在教学中肯定会很有想法。我们在北京的办公室，楼下正对着一个学校的大操场，我有时就会观察他们是如何上体育课的——基本就是在那里跑来跑去。当然，这也是一种运动。但是，这是完全缺乏创造性的。体育课是需要去激发人的创造性的。我认为目前现有的体育课程教学方法有些单一、陈旧，应该鼓励创新。

除了观念方面，数量不足也是一大问题。如何解决这个问题呢？我觉得，需要解放思想。我不是这方面的专家，只能提出一些不成熟的看法。我认为，体育教师未必需要全职，学校体育是所有学生都参与的，相对而言，处于普及或者低水平阶段，可以让其他学科的教师来兼任体育教师。我们可以设计一些课程，开展培训，给一些补贴等。这是在不增加编制的情况下，一种快速解决问题的办法。这总比没有要好。

虽然是门外汉，但我愿为教育出一份力

记者：2008年汶川地震后，你成立了姚基金，以此开展了大量面向学生和学校的慈善活动。请你谈谈，为什么选择教育来做慈善？作为姚基金的核心公益项目，"姚基金希望小学篮球季"的理念是"以体育人，开启新希

望"，这个理念有什么含义？

姚明：姚基金的成立，源于汶川地震，我就是想去帮助那些最需要帮助的人，帮助地震灾区的学校重建。这不仅因为和比自己年轻的人在一起可以让我感觉更年轻，更是因为孩子是未来的希望。

"姚基金希望小学篮球季"启动于2012年，由姚基金、中国青少年发展基金会和中国篮球协会共同主办，是姚基金最核心的公益项目之一。从篮球季项目创建到执行，一直秉承的就是"以体育人，开启新希望"的理念，因为我一直坚信体育的力量，这种力量不仅教会我怎样更加努力地去争取胜利，更重要的是，在参与的过程中我体会到团队的重要性，体会到从队友到朋友的心理变化历程，变得更加成熟。篮球季活动是一个非常长的过程，在参与的过程中，由于跨地域的关系，孩子们可以接触到不同的文化，结交到更多的朋友、学会更多的知识，付出了努力，也收获了快乐。

记者：近期，你参加了湖南卫视亲子节目《爸爸去哪儿》的拍摄。有些慈善活动，你会带自己的女儿出席。这是出于什么考虑？你如何看待家庭教育？

姚明：不仅仅是我，我相信大多数家长都有这样一种愿望，就是希望给自己的孩子上这样生动的一课，让他们去看一看这个社会的百态，让他们知道，他们有多么幸运，也希望他们从小就有一种回馈社会的想法。很多普通家庭的家长也在做善事，只不过他们做的善事可能相对更具体。每个家长都不会为孩子做负面的表率的。

记者：对于姚基金未来的发展重点，你有什么打算呢？

姚明：目前，姚基金已经援建了18所学校，大部分都是希望小学，我希望下一步姚基金的活动能推广到其他所有阶段的学校。除了过去做的捐建校舍之外，还会向内容方向发展，例如帮助学校建立体育、健康方面的课程。此外，姚基金还与很多企业建立了合作关系，为姚基金希望小学资助更多的图书室、电脑室、快乐体育园地以及希望厨房等设施，进一步改善希望小学的学习条件。

我虽然是教育的门外汉，但是我愿意为教育出一份力。

捍卫教育的主场

禹跃昆

采访姚明，他说得最多的一句话就是："我不是这方面的专家，只能提出一些不成熟的看法。"

谦和，简单，专注。

恰恰是经历过巅峰的辉煌之后依然如初的这份谦和，才显得更加珍贵。也许，正是这些，才成就了姚明，成就了中国篮球，成就了姚明的教育慈善。

教育，现在是一个公众话题。在这个公共舆论场中，以教育家自居者，有之；有立场的发声者，有之；把教育当成买卖者，有之。喧嚣声中，前进的步伐迈得尤为艰难。

喧嚣，也可以成为一种有意义的互动。区别的关键，取决于你的出发点和落脚点。而现今的很多人，恰恰是过程很精彩，但两头都经不起推敲。

古语有云，言必信，行必果。我真诚地希望，每个关心教育的人，在准备抓住教育的麦克风之前，扪心自问一下：自己从哪里来，要到哪里去？搞不清这个最基本的问题，再大的辉煌，也会变成浪花一朵。

在北川中学，我看到了，经历过地震的校园，因为篮球而充满了欢乐。体育，就像是一颗幸福的种子，在孩子们充满笑容的脸上，开出了幸福的花朵。那一刻，我才真正理解了以体育人的真正含义，也更加明白"捧着一颗心来，不带半根草去"的真正力量。

今天，需要更多有担当的教育者，去捍卫教育的主场。不管是前锋，还是后卫，只要有认真对待比赛的态度，你就是一名值得尊敬的教育"运动员"。正如姚明所言，体育是寻找自我是谁的运动，是教会你态度的运动。从这个角度而言，体育和教育是融通的。姚明，用高水平运动员所具备的谦和、简单、专注，在教育领域寻找着他的"主场"。这个教育的"门外汉"，给"圈里"的教育者们上了一课。

中国教育改革，需要更多姚明式的"门外汉"。

（原载于《中国教育报》，2014 年 8 月 2 日）

冯骥才：有理想的人永远年轻 ^①

初次探访位于天津大学青年湖畔的冯骥才文学艺术研究院，给人的感觉是：与其说它是一个研究院，不如说它是一件艺术品。

斜向架空的建筑将一块方正土地分成南北两个楔形院落，一池浅水贯穿其间。如果恰逢盛夏时节，青砖铺就的庭院中，爬山虎爬满墙壁，花草树木自由生长，水池中锦鲤游来游去。走进楼内，艺术气息扑面而来，明代石狮子、宋代天神像、各类字画雕塑，以及从民间搜集的艺术品等，让人目不暇接。

在这所以理工科见长的大学的腹地，有这样一方人文绿地，着实令人惊叹。

2001 年，以冯骥才先生的名字命名的冯骥才文学艺术研究院正式成立。从那时起，这位著名作家、画家、文化学者，便在天津大学校园里扎下了根，按照他对教育和文化的理解，一点一滴地为这座学院添砖加瓦、充实血肉。而他自己对文学、艺术、文化、教育的理想，也在这一过程中开出绚烂繁花。

没有人文精神的教育是残缺的

天津大学冯骥才文学艺术研究院大楼于 2005 年建成，此时正值民间文化遗产抢救全面铺开，研究院顺理成章地成为文化遗产抢救的学术支撑与人才基地。

十多年的时间里，冯骥才将教育科研与文化遗产抢救结合起来，借助已

---

① 原标题为"冯骥才：从作家到文化遗产保护者"。

有的平台和珍存，将学术研讨、教育讲坛与各种文化艺术展演结合成研究院特有的活动方式。与此同时，一大批学术研讨成果也在这里问世，如论文集《鉴别草根》《田野的经验》《教育的灵魂》等，这些成果有的记录了非遗的抢救与保护，有的收录了教育家的思想与高见，具有很高的价值。

2006年考入冯骥才文学艺术研究院的王坤，在冯骥才门下攻读硕士、博士，并最终成为研究院的一名教师。由于研究方向是年画，她也多次跟随先生赴河南滑县等地进行年画方面的田野调查。王坤说："在这一过程中，我从先生身上学到最多的是对文化的关切与敬畏，以及文化责任感与担当。"

在王坤看来，冯骥才对学生们最大的影响是精神上的引领，他对很多文化现象的思考都深深地影响着大家的行与思。他认为对学生来说，最重要的是思想、眼界，而不是知识，因此学生们都努力去理解他对文化的独到见解，学着像他那样，在浮躁的社会中沉下心来做纯粹的、无功利色彩的学术研究。

对于教育，冯骥才有自己独到的理解。他认为，教育必须解决一个人素质的核心问题，即人文精神。没有人文精神的教育，是残缺的、无灵魂的教育。任何知识如果只有专业目标，没有人类高尚的追求目标和文明准则，非但不能造福社会，往往还会助纣为虐，酿成灾难。反过来，自觉而良好的人文精神的教育，则可以促使一个人心清目远、承担责任、心灵充实、情感丰富而健康。"教育要想更多的办法，让孩子从小就有文化的情感和情怀，这是建设文化强国、教育强国的根本。下一代的内心自信了、强大了，国家才能自信、强大。"

他想为学生们点亮人文精神的那盏灯，照亮他们前行的路。

因此，他提出学院的博物馆化。

冯骥才文学艺术研究院主要由教研部和博物馆部组成，二者分别承担文化的研究教育和文化的保存功能，相辅相成，密不可分。

教研内容包括现当代文学研究、文化遗产研究、民间美术研究、传统村落保护与发展研究、口述史研究等。教研部内设有三个国字号的文化研究中心，即中国木版年画研究中心、中国传统村落保护与发展研究中心、中国传承人口述史研究所。这三个中心既是全国性专项的研究机构，又是研究生们进行学习和实践的学术基地。自 2002 年以来已有近 30 名硕士和博士研究生在这里学习、工作并完成学业。

藏品丰富和多彩多姿的博物馆是研究院的一大特色。目前，大楼内外陈放了数千件文化珍存，诸多藏品为罕世珍品。此外，研究院还建立了众多的博物馆，包括年画剪纸厅、雕塑厅、民间画工厅、花样生活厅、蓝印花布厅、木活字厅和百花厅等；大树画馆陈列了冯骥才几十年来在绘画、文学和文化遗产抢救方面的成果；大树书屋为研究院的图书馆，藏书 22 类凡 10 万册，皆来自他的个人积累；精致高雅的北洋美术馆是举办各种艺术与文化展览的场所。

之所以选择在一所以理工见长的大学里建一个人文艺术学院，是因为冯骥才看中了理工科大学的实验室制度。在平时的教学过程中，他会采取实验室的办法，把某个项目放在一个空间里，让老师和学生共同去研究它，一起去考察。学生也会在这一过程中找到感兴趣的点，最后慢慢走到学术研究的中心。

把一个问题放到更广阔的视野中去看，会获得不一样的感受。因此，他对学生的期望是"挚爱真善美，关切天地人"。他希望大学生尤其是理工科学生，要在大学期间把视野打开，拥有一个更为宽广的视野。

2001 年研究院刚成立时，冯骥才就立下了约定：要在这驰名中外的理工科大学的腹地，开辟出一块纯净的人文绿地。经过十多年的倾心努力，他兑现了当初的承诺。

文化疼痛了，"你要先疼痛"

大多数人脑海中的冯骥才，是一位著名作家。《挑山工》《泥人张》《维也纳生活圆舞曲》……这些入选中小学语文课本的优秀篇章伴随着几代人的成长。

而很多人不知道的是，近些年，冯骥才将大量的精力投入到民间文化遗产保护工作当中。民间口头文学的搜集与整理、古城区的历史资料留存、中国古村落的保护……为了留下这些宝贝，他去各地进行田野调查；为了得到支持，他多次与政府部门沟通；为了筹集保护工作所需资金，他拍卖自己心爱的画作。纵然遇到诸多阻碍与坎坷，他依然矢志不渝、痴心不改。

20世纪90年代初，冯骥才两次对文化遗产无意识的保护，是促使他投身文化遗产抢救工作的重要原因——一次是保护江南古镇周庄的迷楼不被拆掉，一次是捐资修缮宁波的贺知章祠堂。自那以后，他找到了一个开展文化遗产保护工作的方式，那就是卖画。

1994年的一天，冯骥才从报纸上看到一条新闻：天津要进行旧城改造。天津城有约600年的历史，老城区的文物非常密集。旧城改造是为了改善人民的生活，但当时开发商的规划是将老城铲平，建一个"龙城"。这样一来，老城里很多珍贵的东西都将不复存在。

冯骥才急了。作为当时的天津文联主席，他找到摄影家协会主席说："咱们组织一个纯民间活动，请摄影家采风，我掏钱。"钱从哪里来呢？他只有一个办法，就是卖字卖画，这是从周庄和宁波留下的"老法子"。

历时两年多，摄影家们将整个天津老城里里外外考察了一番，留下了大量珍贵的图片资料，编成大型画集《旧城遗韵》。而冯骥才则整天忙着画画、写字，再将书画作品拍卖出去——所有的活动经费全部由他个人承担。

老城开拆之前，冯骥才找到当时的天津市副市长王德惠，建议保留一栋房子建一座老城博物馆，由他来号召老百姓捐东西。家具、生活物品、照片、资料、书信文献等，都可以捐。"只要老百姓捐了东西，就会惦记这里，他的感情跟老城就不会分开。"他的建议得到了王德惠的支持。短短几个月内，博物馆就收了几千件老百姓捐的东西，老城博物馆就这样建起来了。如今，这座博物馆依然伫立在老城的十字街上，向世人诉说着天津老城约600年的悠悠历史。

"投身民间文化遗产的保护，我觉得我是被时代逼迫的，当然也是由衷的。我认为这是命运。到2000年的时候，我和文化遗产保护已经融为一体，就是说从情感上、使命上，我已经把这件事情当作天职去做，不知不觉地反而把小说创作放下了。"冯骥才说。

从一开始的自发行动，到后来的主动投入，冯骥才觉得离不开他作家的身份和作家的立场。作家的立场，不仅是一个思想的立场，而且带着一份浓厚的情感。"作为一名作家，仅仅把文化作为关切对象是不够的，你所要关切的文化是人的文化，你所关切的是人，是人对城市的一种自豪、人的一种最珍贵的历史记忆、人的一种乡土的情感。当文化疼痛的时候，你要先疼痛；你疼痛的时候，老百姓才会跟你有心灵的呼应。"他说。

要将民间文化"一网打尽"

2001 年，中国文联找到冯骥才，让他担任中国民间文艺家协会主席。对民间文化情有独钟的冯骥才答应了，并决定到各省去看看，深入了解多姿多彩的民间文化：木版年画、剪纸、皮影、民间戏剧、民间文学、民间的手工艺和作坊。

他一看才知道，很多民间文化在现代化冲击下正处于全面濒危的状态，可谓风雨飘摇：他从小就知道河北保定白沟的玩具特别好，可到了白沟一问，当地人基本上没听说过，只知道卖皮包。在郑州的商代古城，古城土墙上到处都是小贩在摆摊卖东西。

他情不自禁想要做一件事，这件事比抢救天津老城重要得多。他提出，要对约 960 万平方公里 56 个民族的一切民间文化作一个地毯式的调查，并提出一个概念，叫"一网打尽"。

2002 年，通过两会上的提案，他倡议并启动了"中国民间文化遗产抢救工程"。从此，他走上了民间文化遗产抢救之路。

在山西大同，他多次实地考察当地的雕塑及造像艺术；在闽西土楼前，他跟当地人聊天搜集土楼资料；在扬州剪纸博物馆，他记录当地剪纸花样和技艺；在江南周庄，他调查活态的纸马铺；在浙东乡村，他见到了从未见过的福字砖；他还在各地进行演讲，唤醒民众的民间文化遗产保护意识和文化自豪感。

在河南的文化普查中，他发现了一个古老的画乡——滑县。入村这天正赶上冷雨浇头，一行人吃尽了苦头，但还是深一脚浅一脚地进去了。经过数月努力，他将滑县年画独特的历史、文化、技艺与习俗写进了《豫北古画乡发现记》。

在湘中花瑶的村寨里有位老村长，20世纪大炼钢铁时曾保护了寨中上百株参天古树，被人称作"古树保护神"。冯骥才对老人说："我给您点烟，您是我师父。"

开展民间文化遗产抢救工作，没有经费怎么办？冯骥才还是老办法，成立基金会，卖自己的画。

在苏州的那次义卖，很多朋友都来支持，画很快就卖光了。冯骥才问卖了多少钱，他们说300多万元。他说，"好，我现场捐献"，就在大厅里把这钱全部捐出。

拍卖结束后，人群散去，他对摄影师说："我在屋子中间站着，你给我照一张相，我跟我的画合张影。""这些画都是我的心血，我喜欢我的画，谁都不知道我把这些画卖了是一种什么感受。"冯骥才做民间文化遗产抢救，有一种悲壮感。

在民间文化抢救过程中，冯骥才提出了"把书桌搬到田野"的主张，并写了三篇文章《到民间去！》《思想与行动》和《文化责任感》，表达了他们这代文化人的学术观。

有理想的人永远年轻

自中国民间文化遗产抢救工程一开始，古村落便是工作重点。这些年来，由于城镇化脚步加快，古村落消失加剧，情况危急。

从2002年起，冯骥才带领团队走遍大江南北，寻访各地古村落，河北、山西、四川、广西、湖南、江西、安徽……每到一处，他都走村串乡，记载、调研，寻求保护的途径。

他发起多次会议、论坛，为古村落保护工作鼓与呼。"中国古村落保护"

西塘国际高峰论坛为古村落保护发出了强音，中国传统村落高峰论坛凝聚众人智慧探讨古村落何去何从，2016 年的慈溪会议为"古村落十大雷同"亮起红灯……

他还在各种场合强力发声，让弱势的文化发出震耳的强音。在东南大学演讲时，年轻学子们对保护古村落这一话题兴趣之大，令他非常振奋。

在冯骥才的奔走与呼吁下，多个国家部委联合启动了"留住乡愁——中国传统村落立档调查"项目，还组织了"传统村落保护发展培训班"。一座座古村落得到发现与保护，在历经岁月洗礼后重新焕发出盎然生机。

这些年，冯骥才又有了新的担忧。

有些古村落刚刚被抢救下来，新一轮的破坏就来了。村子有了旅游价值、品牌价值，政府就把村子买下，把民居装修起来做景点，开辟商业街。冯骥才说："原住民的文化自觉、村镇管理者的文化自觉，完全都没有，人们的眼里只有利益。这是价值观的问题，是需要文化自觉来改变的。"

在他看来，知识分子先要自觉，这是文化人的天职；然后要把它喊出来，使之逐渐成为一个国家的自觉；最后，要形成一个地方的自觉，这样才能把文化遗产保护贯彻下去。

冯骥才先生已经 76 岁了，但在与他交谈的过程中，你会发现他的身体里住着一个年轻的灵魂。

他对他所热爱的一切事物都怀有高远的理想，充满着不竭的热情，甚至有着一种堂吉诃德式的孤勇。他将自己奋斗的四个领域——文学、绘画、文化遗产保护、教育称为"四驾马车"，作为"驾车人"，他每件事都倾尽全力。

最难能可贵的是，这些年他一直笔耕不辍，因为在他看来，作家的名字是留在自己的作品里的。与早年不同，他从纯文学创作渐渐投身于非虚构创作，他相继创作了《抢救老街》《地狱一步到天堂》《泰山挑山工纪事》等非虚构文学作品，着重关注民间文化，关注小人物的命运。近些年他更是达到了一个新的创作高峰，出版了个人口述史系列的《凌汛》《激流中》《漩涡里》。这几本书可以说是他五十年精神的历史。

2018年，冯骥才的《俗世奇人》（足本）荣获第七届鲁迅文学奖短篇小说奖。此前他曾数次获得全国优秀短篇小说奖、全国优秀中篇小说奖等奖项。他笑言，文学奖其实是属于年轻人的，他这个年纪获奖，一方面对他是一种鼓励和安慰，让他觉得"这老头还行，还能接着写"，另一方面感觉跟读者的距离一下子拉近了。

一首英文小诗里写道："有理想的人永远年轻。没有理想的人即使年轻，他的灵魂也爬满了皱纹。"冯骥才用自己的思考与行动，深刻诠释了"有理想的人永远年轻"这句话的真谛。

76岁的冯骥才，依然有理想，依然在路上。

◆◆ 记者手记 ◆◆

一个人的自然生长

禹跃昆

刚写稿时，竟不知给冯骥才先生挂上什么"名头"。因为他有建树的领域太多，作家、文学家、艺术家、民间艺术工作者、民间文艺家、画家，甚至篮球运动员。思来想去，只有先生配得上他。

也许是因为丰富的经历和涉足领域之广，他的谈吐里，文化、艺术、教育信手拈来，个人、国家、民族不断切换。很多话更可从多角度来解读和理解。正所谓，"举一而三反，闻一而知十，乃学者用功之深，穷理之熟，然后能融会贯通，以至于此"。

可能是因为融会贯通，所以他老成练达，身上散发出持重、沉稳、从容。遗产抢救、画作义卖、捐款捐物等事项，在他的娓娓道来中显得波澜不惊。听者在他的从容中看到了勇往直前，沉稳中触摸到了激情四射，持重中感受到了义无反顾。

初看他身上，有矛盾的一面。

20世纪80年代，冯骥才写了很多批判传统文化沉疴的小说，成为伤痕文学的代表，到了 90 年代，他则开始保护传统文化中的"正面"，成为民间文化抢救的先锋官。

后来他倾力推动古村落保护，引得社会全面关注，也引来了大量资本对古村古镇进行产业化改造，古村落在抢救之后，却迎来了第二次破坏。这让他很痛心。

这种种矛盾，其实并不矛盾。这恰恰是他对传统文化全面认识的自然深入，是一个人的自然生长，以及一个时代的自然变迁。

教育恰是如此。创新，应是在关注常识的基础上推进的；批判，更应是在心怀良知的情怀下展开的。希望我们能够回归对常识的尊重，拾起对良知的敬畏。

否则，就会如冯骥才先生所言，摆渡者反反复复选择彼岸，结果徘徊一生。

（原载于《中国教育报》，2018 年 12 月 20 日，与陈欣然合作）

1298 名特岗教师：坚守在太行深处

从西柏坡出发乘车西行，汽车一直在爬坡，过了一座山又是一座山，直至行驶到一排高耸入云的百丈山崖下，一个小山村赫然入目。记者终于抵达此行的目的地——山村教师、全国模范教师齐吉平工作的教学点。教学点位于平山县北冶乡黄安村，再向西走翻过一座山，就是山西省的地界了。

"坐姿要端正，笔要拿稳。这个'格'字的捺画再长些，这样才会更舒展、更好看。"在只有两名学生的教室里，齐吉平正在专心致志地教孩子写字。他教得认真，学生听得入神。

齐吉平身材瘦弱，个子不高，戴着一副眼镜，双鬓已经斑白。1991 年，他从元氏师范学校毕业，被分配到太行山深处的教学点，至今在山区一线已经坚守了 28 年。

"我觉得人这一辈子，能专心做好一件事就行了。现在我的内心很平静、生活很幸福。"齐吉平对记者说，"我爱人是晚我两届的中师同学，在离这儿 4.5 公里远的狮子坪教学点，她学生比我多。她每天早晨 7 点就要出发，一般晚上 6 点多才回来，比我辛苦。"

"其实我很满足，就说工资，我在这儿已经算'高收入阶层'了，算上乡镇教师补贴、山村教师生活补助和高于城镇教师的绩效工资，每月有 5000 多元的收入。"齐吉平说自己愿意继续扎根在山村教学点。

"我最大的幸福是看到山里的娃能通过受教育走出大山，人生能有更多可能。"齐吉平欣慰地说，"我的学生先后有 70 多人考上大学，其中还有一个成了留洋博士。"

"像齐老师这样的老师有 12 名，扎根在太行山深处的 12 个教学点。"同行的北冶乡中心校校长刘岩军说，这 12 个教学点就像钉子一样钉在太行山上，托起了平山西部山区的希望。

不单单是北冶乡，受地理环境因素影响，目前平山县义务教育阶段246所中小学，超过半数是山区小规模学校，其中不乏处在太行山深处的教学点。

"齐老师以前在离这儿不远的沕沕水村教学点工作了27年，去年9月来到这里。"刘岩军说。

齐吉平离开时，很多村民自发前来帮着收拾行李，一直送到村边，依依不舍地看着接他的车离开。村民的不舍，透露出山区百姓对教育的希望。近年来，平山县加强教学点建设，一手抓硬件、一手抓软件。

"现在，走进任何一个山村，最漂亮、最坚固的建筑是学校。"说起近年来教学点硬件的提升，刘岩军很感慨。

软件方面，平山更是下了大力气。自2009年以来，平山连续10年共招聘特岗教师1298名，全部分配到山区和农村学校。同时，服务期满的特岗教师全部入编，教师结构得到了不断优化，山区教育因此稳住了。

不仅如此，平山量身定制支持政策，一方面鼓励中青年教师到艰苦地区发展，一方面安排优秀骨干教师到薄弱学校支教，让教师在"上山下乡"中流动起来。

除了落实省里规定为山村教师按每人每月200～440元的标准发放生活补贴，平山还出台政策，按每人每月150～650元的标准发放生活补助，并在职称聘任、评优评先、绩效奖励等方面向偏远山区和农村教师倾斜。

"这样就稳住了山村教师的心，稳住了山区的教育。"刘岩军说，现在北冶乡教学质量越来越均衡，"每一届成绩最好的学生不一定在哪个村，经常在各个村轮流转"。近3年，平山全县义务教育阶段没有一名学生辍学，入学率和巩固率都是100%。

铃声响起，不知不觉已到放学时间。

在校门口目送一名学生坐上家长的电动车离去后，齐吉平又转向另一名一年级学生，穿过青石铺就的窄街巷送她回后山上的家。

时值4月，短暂的倒春寒已经挡不住山花的绽放，半山坡上盛开的株株桃李扮靓了这个春天。

（原载于《中国教育报》，2019年4月16日，与周洪松合作）

离岛教师：“我的心在这小岛上”

    清晨 6 点 30 分，曾艳林如常醒来。打开房门，她走进前院。地上有些昨夜飘落的树叶，收拾干净后，她来到后院。新开的月季有淡淡的香味，5 个孩子课后常爱围着几丛花打闹玩耍。

    这样的清晨，曾艳林已经过了差不多 9 年。“还有 1 年就要退休了，真舍不得几个孩子。”曾艳林 2008 年 9 月调任湖南省株洲县挽洲小学，从刚来时的不适应到如今的不舍得，挽洲这座面积 0.8 平方公里、常住居民不到 300 人的小岛，将曾艳林教师生涯的最后 10 年“塑造”成另一种“相貌”。

    每周日下午，从位于神山村的家出发，步行约 20 分钟，曾艳林抵达渡口。等船、过河、上岛，再步行十来分钟，国旗飘扬的白色院墙内，岛上唯一的学校正静静地等着她。而她，将在这儿住到周五返家。

    每周 5 天，白日里与她做伴的，是 5 个学生和校长兰红建；夜里，陪着她的是天上的星和窗外的虫与鸟。每周三，走教的老师王倩来了，校园会更热闹。

    “我 1981 年到学校任教时，还有 160 多个学生。”兰红建是挽洲本岛人，1979 年从株洲县四中高中毕业后，兰红建选择回岛务农。两年后，他从 10 位参考者中脱颖而出，考入挽洲小学任教。

    教了几年书后，两个儿子陆续出生，加之妻子没有工作，一家四口的生活压力全落在了兰红建身上。“我当时每个月只有 30 多块钱的工资，养活四口人，难啊！”兰红建动了离开的心思。可白天一到学校，看着一张张天真无邪的小脸蛋儿，他又舍不得了。

    过了几年节衣缩食的日子后，兰红建的两个儿子逐渐长大。“孩子要上学，我的负担更重了”，1997 年兰红建真的离开了，去岛外做一份每个月 1200 块钱的工作。一年后，他却再次回到学校，每月的收入恢复为 700 多块钱。

    “总觉得外面的时间过得慢。”兰红建说，在学校里度过的每一天都特别快。早7点30分，指导学生读课文、做作业；8点开始上课，数学、思想品德或是体育，总课时不少于4节；课间带着孩子们做做游戏，或是讲几个故事；4点学生离校后，独自准备第二天的课；回家途中，向偶遇的家长说一说孩子的到校情况、课堂表现……

"这几年政府重视，加大投入，学校越来越美，我每个月的收入也增多了不少，工作起来更舒心了。"兰红建说，"今年开春，学校回流了两个娃儿。"学校条件好了，家长自然愿意送孩子来这儿。

仍在适应走教生活的王倩老师，每次走教往返路途需花费两小时以上，"还是有点累"，但"我不来，孩子们怎么办？"

类似问题，曾艳林9年前也问过自己。丈夫和儿子有时会抱怨几句，放着好好的家不住，常年守在岛上，图啥？

是啊，图啥呢？9年间，挽洲小学陆续分来了几位特岗教师，最终都因为无法忍受小岛艰苦单调的生活，辞职了。

偶尔，曾艳林也想调走，可看着5个比自家孙子大不了几岁的孩子，她便打消了念头。"我走了，他们怎么办呢？"曾艳林笑着说，"我还是与他们做伴到明年5月退休吧！"

说完，她拿起扫帚，开始清扫教学楼的过道。楼梯间，传来孩子们的声音。"周家芯、李诚瑾，你们俩扫教室，我和李佳年、周仕荣扫楼梯和走廊。"说话的是今年才转来的三年级学生周裕轩。

"他适应得很快！"兰红建说，岛上的孩子心性单纯，总是能在极短的时间里接纳新朋友。"4点了！孩子们要离校了！"拿着手机，兰红建往校门走去。

曾艳林和王倩已在那儿等着他，与5个孩子道过别后，一天的教学才算结束。"他们中说不定哪天还会再出一个名牌大学的教授呢！"看着孩子们小小的背影，兰红建想起的，是多年前毕业的某个学生，他走出小岛后考入复旦当了一名教授。

（原载于《中国教育报》，2017年7月11日，与赖斯捷合作）

青年教师群体：他们都选择了回国

"解放双手，脑控万物"，只要头戴上带有传感器的帽子，就可以实现"意念"字符输入和操控智能家居。这是脑信息与脑机接口研究室的王牌技术。

在量子信息处理实验室，负责人告诉记者，他们所研究的量子图像处理技术与传统经典图像处理技术相比，将在图像处理速度上实现指数级增长，有望解决诸如高速处理卫星收集的海量图片和视频数据等难题。

如今，在长春理工大学，类似的计算机高端项目还有很多。高端的背后，则是一支高水平的队伍。

长春理工大学计算机科学技术学院用 10 年时间打造了一支以海归博士团队为核心的高素质教师队伍，以师资队伍建设带动学科整体发展，摘取了"虚拟仿真国家级实验教学中心""特种电影技术及装备工程国家地方联合工程研究中心"等多个国家级"头衔"，完成了计算机学科的美丽蜕变。

高见：师夷长技，发展困境催生人才梦

"要搞出特色和水平，就要让这些青年教师到世界名牌大学去取取经。"2005 年，拿到计算机科学与技术一级学科硕士点后的一次班子会上，时任院长、现任长春理工大学副校长的杨华民提出了学院师资队伍建设构想。

通盘思索后，杨华民意识到，教师质量问题是当务之急："当时，高校教师中博士已经很普遍了，而我们的新进教师中还有不少是本科生。"同时，大家还意识到，省内甚至国内高校计算机领域的学术渊源接近，学术视野、学术思想往往趋于同化，很难做到青出于蓝而胜于蓝。

那次会上，杨华民鼓励青年教师出国读博的主张赢得学院领导班子一致认同。"对于学院发展而言，这是一次高瞻远瞩的战略抉择。"时任该学院副院长、现任院长的赵建平说。

2005 年 10 月，李奇成了学院第一个吃螃蟹的人。当时，冈山大学在基于脑电的脑认知及理论模型构建方面没有任何研究基础，但意识到该研究方向具有广阔应用前景，李奇毅然地把它作为了博士课题。他坦言："做出这个选择是很冒险的，但学院把我送出来不就是希望我能做得更好吗？"留学的 3 年里，他每天到家时"基本上都是凌晨了，爱人和孩子早就睡着了"。

从酝酿谋划到雏形初现，学院打造高素质师资队伍的"人才梦"孵化破壳。

高招："拢"住人心，让梦想照进现实

从 2005 年到 2009 年，该学院先后派出了 7 名教师，其中 5 名教师的爱人也是该学院教师。为了能让他们安心"取经"，学院咬牙力挺家属陪读。如此一来，两大难题考问学院领导班子智慧：这么多人走出去了，他们的课谁来教？送出去容易，还能请得回来吗？

"把大家的心'拢'住，这事就能干成。"赵建平朴素的一句话，成了学院破解难题的高招。

"那段时间，我们大会小会地讲，反复强调学院的师资队伍建设思路。"副院长李莉说，"在家的教师没有一个人叫苦喊冤。"学院教师陈纯毅告诉记者，那几年，他的教学任务一下子多出了两三倍，"最多的时候一学期教过4 门课，每个年级的课都有"。他坦言："工作压力确实都很大，但没听谁有过怨言。因为大家心里有数，他们肯定会回来，到时候学院就好了。"

蒋振刚的话印证了陈纯毅的判断："学院的支持与重视，让我们感受到温暖、看得到希望，不回来就太对不起学院了。"

张宇昕告诉记者，陪孩子做游戏是他出国前想都不敢想的"美事"。婚后，他和爱人想要孩子的愿望一直没实现，而出国留学至少要三四年，为

此，张宇昕甚至动了放弃留学的念头。得知这一情况，学院主动提出让爱人陪他出国。如今，二人如愿以偿地当上了父母。有着类似经历的孙一鸣也由衷赞叹："学院的做法是可贵的，眼光是长远的。"

张昕大学毕业后一直无力购买住房，直到出国前，始终住在单身公寓里。留学期间，他完成了结婚、生子两件大事，于是，住房问题成了他回校的第一道坎。为此，学院积极与学校沟通，破例为他申请了一套 90 平方米的博士后公寓，杨华民还亲自带人将房间收拾得干干净净。

方明对机器视觉与机器人研究室感情很深，出国前他就一直负责这里的工作，而且，在他留学的 3 年里，学院一直给他留着研究室主任的职位，始终没有找人补缺。学院党委书记肖欣伟说，对待类似问题，院领导意见很一致："要留住人才，就得设身处地为其个人发展着想。如果让别人把位置占了，出去的那些人还怎么回来？"

2010—2013 年间，这些青年教师无一留在当地，全部返校并纷纷被委以重任，一支由海归博士组成的高素质教师队伍正式建立起来，学院发展逐渐进入"盈利"期。

高回报：苦尽甘来，跨越式发展

该学院的计算机与信息技术研究所是综合型教学科研平台，下设的 9 个研究室中，有 3 个是由海归博士创建管理的。这些博士回来后，学院教师王鹏感受深刻："研究方向和成果多了，培养的学生也多了。"据他介绍，吉林省科技进步奖、吉林省科技发明奖、国防科学技术奖、军队科技进步奖在研究所里比比皆是。

这些博士回来后，帮助学院一口气干成了几件大事：2012 年，顺利获批计算机科学与技术一级学科博士点；2013 年 8 月，计算机实验教学中心获批国家级实验教学示范中心；2013 年 11 月，特种电影技术及装备工程研究中心被批准为国家地方联合工程研究中心；2014 年 4 月，计算机信息安全与网络攻防虚拟仿真实验教学中心入选首批国家级虚拟仿真实验教学中心，跻身国内同领域前 5%……

据统计，截至 2013 年，在该学院具有博士学历的教师中，海归博士比例已达到近 1/4，远高于吉林省内其他高校，而这一比例正在逐年提高。

采访期间，记者几次问到学校、学院有什么特殊的人才引进的优厚政策，长春理工大学校长于化东微笑地说："相较于资金、政策，强大的人文关怀、着眼全局的发展思路才是计算机科学技术学院苦心孤诣奋斗 10 年的发展秘诀，也是长春理工大学建设特色鲜明的高水平大学的力量之源。"

（原载于《中国教育报》，2017 年 10 月 10 日，与田苗华合作）

第二辑

善待：教师管理的可能路径

本辑导读

　　教育是对生命的唤醒。而在此之前，我们需要首先唤醒教师。唤醒教师，不仅需要个人的努力，更需要制度的支持、管理的智慧、善待的尊重。

　　第二辑聚焦于教师管理中的具体问题，通过大量地方、学校的实践案例，提炼出教师管理的核心原则，包括制度创新、人文关怀和技术赋能等。例如，江西上饶通过提升信息素养、用好定向师范生等政策组合拳，激发乡村教师队伍内生动力，为欠发达地区教育快速发展提供了实践范式；福建三明通过"教师第一"的理念，将教师的需求放在首位，极大地提升了教师的职业幸福感、获得感；北京八十中通过"摇动青年教师这片林"的方式，为青年教师提供了广阔的成长空间。

　　此外，师德师风的建设、信息素养的提升、阅读文化的推广、教师权益的维护等基层创新举措，讲述了如何通过制度设计、环境营造和文化建设，激发教师的潜能与热情。这些实践表明，教师管理不仅需要制度的刚性约束，更需要人性化的关怀与支持，更需要创新性的变革与支撑。这些遍布全国的代表性案例，为我们提供了丰富的经验与启示，也为高质量的教师队伍建设管理提供了实践范例。

　　善待教师，不仅是创造良好的工作环境，更是为他们搭建成长的平台；不仅是尊重他们的劳动成果，更是倾听他们的心声与需求；不仅是完成规定的课程教学，更是支持他们的创新与实践，从而获得职业的尊严与荣耀。

　　当你在你的土壤上，种下一粒善待的种子，一定会收获一朵朵向阳的花朵。

教学点教师：定向师范生咋成了教学点的"宝"[①]

一条山谷，一座拱桥，一排古朴民居，一片金黄油菜花，勾勒出"中国最美乡村"的秀丽。

江西上饶，地处赣、浙、闽、皖四省交界，下辖的婺源拥有"中国最美乡村"的美誉。在这里，一座村庄就是一座博物馆。在这里，广袤的农村就是最大的现状。

但外人看不到的是："H"形的奇特地理形态，让湖滨、丘陵、山谷纵横交错，全市南北最狭窄的连接处仅10公里，东西最狭长的距离达到了210公里；曾是全省人口第一大县的鄱阳县刚刚脱贫摘帽，拥有160万人口，而全市人口最少的县仅有20万人口，人口分布不均；全市乡村教学点大量存在，婺源的教学点曾达到259个，"一校一师"数量曾达到162个，占全县公办学校总数的50.6%。

地处中部欠发达地区，地形复杂、农村占比大的上饶正面临教育高质量发展的转型期，具有鲜明的样本意义。这里就是中国乡村教育振兴的主战场。

面对未来、观照当下，上饶市委、市政府把教师作为教育发展的第一资源，闻鸡起舞、日夜兼程，擦亮"学在上饶"品牌，加快推进上饶教育高质量、跨越式发展，奋力开启建设教育强市新征程。

多做一点，留住人才：本土化、差异化的"政策+"

乡村教育振兴的"牛鼻子"是人，更是人才。要把教师当成人才来看

---

① 原标题为"像油菜花一样盛开——江西省上饶市乡村教师队伍发展透视"。

待！从人到人才，一字之差的背后是对于乡村教师理念的迭代、选才标准的提升和供给政策的细化。

为了给乡村源源不断地供给人才、留住人才，上饶在用足用好现有国家、省级政策基础上多做一点，采取了一系列适合本地的"政策+"办法。

从 2007 年开始，上饶的初中毕业生填报志愿时发现，竟可以填报自己所在乡镇中心小学的教师定向计划。回到本乡本土工作，还带着编制，一时引得众多学生特别是优秀学生报考。

在"一校一师"占比众多的婺源等乡村教育大县，能歌善舞、一专多能的定向师范生成了众多教学点的"宝"。

为了能够用足用好定向师范生政策，上饶采取的"政策+"就是：细化前端本土化服务与培养。去年 7 月，在总结前期定向师范生培养的基础上，上饶幼儿师范高等专科学校推出系列重磅举措：成立乡村教育振兴学院，对定向生实施单独学院式管理；建立定向生片区包干制度，成立 12 个县市区工作组，一一对应、全面覆盖上饶市 12 个县市区，全年按月细化片区包干服务内容。

为了让乡村教师不再家校两头跑，上饶采取的"政策+"就是：精准实施"归雁计划"。从 2016 年以来，上饶在江西省率先推出"归雁计划""团圆计划""温暖计划"等举措，开通返乡任教绿色通道。目前，全市共有 1323 名教师回原籍任教。

为了让上饶的学校招到留得住的人才，上饶市教育局和人社、编办、纪检等部门组团陪同学校带着公章招聘、面试，当场签订三方协议。

为了让乡村幼儿园有稳定的教师队伍，上饶给每个乡镇中心幼儿园至少配备 2 名在编教师。

在本土化、差异化的施策理念下，各县市区充分发挥自身特点，瞄准痛点，提高政策精准度，把政策实施的效果最大化。

在广信区，针对全区南北狭长的地理特征，把农村边远乡镇补贴政策的两个标准重新细化为三个标准，让最偏远的教师能够安心从教。

在婺源县，大力实施"红烛奖教金"制度，每年给"一师一校"教学点在编教师发放 3000 元。

在德兴市，建立起教师工资收入对当地公务员收入动态调整机制，义务教育教师平均工资高于本地公务员。

瞄准关键，用好人才：以关键带动全面

1 月 6 日，一份公开选拔 6 名校长的通知，搅动了整个玉山县。

在城区端明小学做了多年副校长，刘承荣一直有一个绿色教育梦：得一个山环水绕处，寻一群志同道合人。

"阳光来了！" 刘承荣得知要公开选拔校长后，一开始还打退堂鼓，但是接下来公开透明的流程，让他放下心来。经过选拔，他以第一名的成绩被选拔到六都乡中心小学做校长。

现在，绿色教育梦正在这所乡村校得到落实。

"这一次公开选拔，就是要大张旗鼓地在全县树立、传递选人用人的好生态和正能量。" 玉山县政协副主席、县教育体育局党委书记赵东青介绍，"从这次开始，以后新任校长必须公开选拔。"

公开选拔一名校长，打造出了好生态。

攻克了校长选拔这个关键环节，玉山县先后探索了推行校长交流轮岗制度、推进校长职级制管理、设立"三名"工程专项基金等深层次的系统化改革。

在上饶市教育局副局长郑乐春看来，专啃硬骨头将会获得关键环节的突破，继而带来整体性、系统性的变革。

面对选人用人上的硬骨头，上饶教育人迎难而上——

教师理念不新？上饶借助"上上合作"机制，加强与上海的合作对接，先后组织教师到上海跟岗学习培训达 580 多人次。上饶先后举办五届华东师大信江教育论坛和一届北师大信江教育论坛，全国知名专家纷纷来到上饶授课，现场参训人员 3500 余人，线上实时收看共计 50 万人次。

名师数量不足？上饶深入推进名师名校长领航工程，与教育部中学校长

培训中心签订合作框架协议，组织开展名师、名校长评选及梯队人才遴选。开展名师名校长工作室课题立项评审，设立名师工作室 15 个、名校长工作室 9 个，划拨名师名校长工作室建设资金 132 万元。

班主任待遇低、没人干？上饶市以班主任团队为关键突破口，注重激发班主任工作积极性，提高班主任福利待遇，提升育人效果。以玉山县为例，小学班主任每月每班从 100 元提高到 400 元，初中班主任每月每班从 150 元提高到 500 元。

弯道超车，赋能人才：摸准数字教育的脉搏

行走在上饶信息化校园里，会发现一些特殊现象——

信息化教学做得最好的不一定是信息学科教师，而是数学、物理甚至体育、音乐等教师；

农村孩子对于数字教育的热情和需求更旺盛，一旦找到突破口，取得成绩的速度和高度超过城市；

……

深入梳理分析后发现，特殊现象的背后，是上饶摸准了数字教育助力教师队伍建设的脉搏：人工智能教育是大众的，不是独有的；是重应用的，不是重软件的；是主动的，不是被动的。

教师是乡村教育发展的第一资源，是推动智能教育实施的关键要素，没有教师观念的转变、能力发展、素养提升，很难实现传统教育向智能教育的跨越。

特别是与上海开展"上上合作"后，在上海挂职领导、教育专家的帮助下，上饶规划出了教育信息化的顶层设计和推进路线，各县区结合各自实际进行有益探索。

"教育信息化要可持续化发展，必须不断提升师生的信息理念和素养。"说这话的是铅山县电教站站长祝天生。本是高中英语教师的祝天生，2014年到电教站后，带着几位教师完成了一个网络环境下人工智能助力教师发展

的课题。

随即，一场信息化浪潮在铅山县铺开——

先后印发《关于加强教育机器人的实施意见》《关于进一步推进人工智能教育的实施意见》，在全县中小学普及人工智能与编程教育；每周末两节教育信息课，把全县教师轮训一遍；制定教师信息技术能力运用考核表，完善教师信息化水平的督导评价制度……

一项"以需促训、以训促学、以赛促教、以督促用"的人工智能助力教师培养的机制正在走向成熟：所有学科的教师们都"动"了起来，在信息化加持下各科的课程创意迭出，教师的课题呈井喷状生发出来，成了从县市到省再到国家各层次的课题申报、数字教育交流、典型发言中的"常客"；而铅山乡村的孩子们在世界机器人大赛等赛事中频频获得一等奖……

地处武夷山脉北麓的山区小县铅山，以理念为先、实用为要的有效举措，最终成功入选教育部人工智能助推教师队伍建设试点区。

为了解决农村教学点的"开不齐课、开不足课、开不好课"和师资短缺等问题，2015 年，上饶市在婺源县试点推动"专递课堂"建设。

婺源先后投资 5000 余万元实施教育信息化建设项目，建成全省首间智慧钢琴教室，云录播教室 22 间，"专递课堂"项目覆盖全县所有中心小学及村小、教学点，顺势推进"专递课堂教研共同体"建设，实现城乡孩子"同上一堂课"，有效缓解偏远山区师资紧缺现状。2020 年，婺源县成功入选全国"基于教学改革、融合信息技术的新型教与学模式"实验区。

过去几年，作为闽浙赣革命根据地核心区的上饶，把智慧教育作为中西部欠发达地区解决师资、资源、条件等不足的一个利器，通过人工智能教育赋能教师，努力实现了弯道超车。

薪火相传，尊重人才：激发教师的内驱力

每年教师节，德兴市都会举行一场专属于教师的盛典——教育荣誉殿堂颁奖。

每年围绕一个主题，评选出"十佳最美教师""师德模范""教学能手""家校合作实践者""尊师重教实践者""模范乡村教师"等奖项。市委、市政府、市人大、市政协四套班子的所有正副职领导全部出席。

很多教师坦言，在职业生涯中能上一次德兴教育荣誉殿堂就知足了！

不单单是德兴，在上饶的各个县（市、区），教师特别是乡村教师也都受到了社会极高的尊重。

婺源出台县领导联系"一校一师"教学点及优秀教师、家庭经济困难教师制度，并将教育工作纳入对乡（镇、街道、园区）科级领导班子考核内容；每年安排多名优秀教师休假疗养。

玉山县出台"建设江西教育强县的十条举措"，设立"三名工程"专项基金200万元，大力提高教师待遇，筹设爱心教育基金……件件暖到教师内心。

而更大的礼包正在路上，上饶市即将专门印发《关于加强教师关爱工作的实施意见》，礼包内容包括：

中小学教师凭"教师礼遇优待卡"，办理公交卡享受五折优惠，免费游览上饶市域内国有各大景点及纪念馆、展览馆、博物馆等。

安排一线教师特别是长期从教教师进行疗养休养，重点向符合条件的班主任和乡村教师倾斜；统一建立中小学教师（包括退休教师）健康档案，落实教师一年一次的健康体检制度。

办好教工食堂，提升早餐和中餐品质，免费为参与托管等工作的教师提供晚餐……

教师区别于其他职业的一个显著特征就是自觉性。种下去一粒粒尊师的种子，激活了一位位教师献身教育的自觉性，长出了一棵棵幸福成长的参天大树——

在婺源县偏远的大山深处教了大半辈子书，江湾镇栗木坑小学校长黄碧辉面对着下辖6个"一校一师"的教学点，却"乐此不疲，沉浸其中"：参加课堂教学竞赛获县级一等奖、市级三等奖，省市级刊物上发表论文十几篇，多次主持省、市级课题立项并结题。

作为全国教育系统先进集体，地处偏远农村的广信区煌固镇汪村学校形成了以校为家的传统，拥有20多对夫妻教师。张恕民刚刚来到汪村学校做校长，便总结出学校"三爱"的家文化：爱岗敬业、爱校如家、爱生如子。

近年来，上饶市获评全国最美教师1人、全国模范教师2人、全国优秀教师3人、全省模范教师8人、全省师德标兵2人……乡村优秀教师在上饶扎堆涌现，创造了上饶乡村优秀教师"群体现象"。

在上饶广袤的农村，乡村教师们就像是一朵朵金黄的油菜花，散开在美丽的乡村原野中，静静等待一个个饱满果实的成熟。

中国最美乡村，最美的恰是乡村教师。

◆◆ 配发评论 ◆◆

激发乡村教师的教育自觉性

乡村教育振兴的"牛鼻子"是人才，这是教育高质量发展的关键所在。因此，振兴乡村教育需要把教师当作人才。从人到人才，一字之差背后，是对于乡村教师理念的迭代与更新。

人才是稀缺的，需要百般呵护。如果没有真金白银，又没有真心实意，是很难吸引和留住人才的。上饶的做法恰恰抓住了乡村教师的痛点，激发了他们从事教育的自觉性，助力了乡村教育的振兴。

第一，振兴乡村教育需要解决教师的急难愁盼。这些急难愁盼很多是"小事"，但很"关键"。面对乡村教师，政府、社会需要"捧着一颗心来"，更需要拿出"穿绣花针"的功夫来解决教师的"关键小事"。

上饶的具体实践包括：帮助单身教师寻找合适的伴侣、为夫妻教师争取能装下两张床的房子、教师的待遇不低于甚至高于公务员、让教师回到本乡本土、课后服务后解决好教师晚餐和孩子接送的问题……

第二，振兴乡村教育需要外部赋能。乡村和外部不应是相互抛弃的、竭泽而渔的，而是有着血脉联系的天然命运共同体。不面对乡村，城市没有方向。不发展乡村，城市没有底气。

过去几年，上饶教育发展最大的变化就是理念的提升。理念的变革，带来的是系统性的重构、跨越式的发展。而这些理念的变革，很多是借助于外部的介入。从上饶的具体实践来看，这些助力乡村教师队伍发展和乡村教育振兴的外部利器包括：数字技术、先进地区的帮扶、社会的捐资助学。

第三，振兴乡村教育需要内部变革。能否激发内生动力，是能否振兴乡村教育的关键，也是评判振兴成败的关键。

在上饶我们看到，在校长队伍建设方面，抓好"公开选拔"这一关键环节，渐次推动了校长交流轮岗、后备人才库等后续改革；在新教师培养方面，抓好"定向生培养"这一关键环节，同时不搞"一刀切"、用好所有配套政策；在教师成长动力方面，抓好"自觉性"这一关键环节，激发教师自我幸福成长的心灵力量。

当前，教育事业正面临从基本均衡迈向优质均衡的关键期，正面临向着高质量发展的转型期。地处中西部欠发达地区，"上饶们"的教育事业"腰"壮不壮，事关全局。这也正是今天我们寻找和发现上饶的样本意义所在。

值得欣慰的是，乡村教育振兴的画卷已在赣鄱大地等中西部地区缓缓描绘。

（原载于《中国教育报》，2022 年 4 月 1 日，甘甜参与）

青年教师：北京八十中打造成长生态系统①

教育的本质就是一棵树摇动另一棵树。

这句流传甚广的教育名言用形象、艺术、诗意的文字，道出了教育内在的逻辑关系。行走在北京市第八十中学的校园里，感受到的恰恰就是这样一种自然之态：

教师依照自身的学科背景、导师引导、研修班目标，不断攀登属于自己的高峰；在教师的"摇动"下，学生不断打开自己人生的每扇窗，解开生命的每种可能。

"一人一天地，一木一自然。"这是八十中的教育观。在校长田树林看来，人才的培养是充分尊重学生的生命天性，通过创造最适合他生长的环境，让他呈现自己最好的生命状态。"从这个意义上看，校长的工作，最重要的就是营造出促进生命成长的和谐教育生态。"

最初，作为一棵树，校长去"摇动"的是青年教师这棵树、这片树林。

方向引领，模糊变清晰：一套总规划，向着太阳生长

僵化、教条，缺乏对不同教师发展需求的针对性、回应性和系统性，这是田树林对原有教师培养培训的感受。

青年教师刚入职，角色转变慢，对自我的定位常常不能转变过来；青年教师大多是综合性名牌大学的毕业生，学历优势转化为实际教育教学能力较慢；青年教师热情饱满，但是科学职业规划度不足……

于是，从 2004 年 9 月起，学校边研究边实践、边反思边改进，探索整

---

① 原标题为"摇动一片林——北京八十中打造青年教师成长生态系统"。

体提高教师质量的有效策略。经过 8 年的反复酝酿与充分打磨，2012 年，一个成型的新生事物落地了——新教师研修班。

翻开 2008 年修订的第一版新教师研修手册，厚厚的 106 页内容中，包含了一名新教师两年内所要完成的每一项任务内容，包括职业道德、入职宣誓誓词、校本培训指导建议、工作方案、研修记录、研修日志、评价考核、校歌等。

"留痕，这是青年教师走向优秀的有效抓手。"在八十中副校长、青年教师培养直接负责人时芝玫看来，新教师研修班是帮助教师开拓自己教育、教学、科研的路线图。

当第一期 3 年的新教师研修班结束之时，一个着眼长远、更具系统性的升级产物诞生了——2015 年青年教师发展研究院成立，八十中的青年教师培养开始向精细化、体系化方向发展。

研究院设置了新教师研修班（入职不足 2 年的新教师）、青年教师研修中级班（工作 2—3 年的青年教师）、青年教师研修高级班（工作 4—6 年的青年教师）3 个层级，构建起青年教师分层次、分目标、分内容的培养考核体系。

在"留痕"的总规划指引下，每年新入职的教师都会被编入相应的研修班，建立起共同的目标、班训、班徽、班旗等班级化管理文化；每名新教师都需要拜三级导师为自己的指导教师；新教师的第一次执教、新教师的一日常规在众多名师的指导下不断被打磨；6 年结束时，还要举行"学术个唱"，汇报成果，提交培训答卷……

随着规划的持续实施，青年教师的成长速度大大加快。改变以肉眼可见的速度发生：

姚亭秀，2012 年新教师研修班第一批学员。经过 6 年的"千锤百炼"，生物学博士出身的她学会了以研究的思维研究教学，学会了抓住"教育契机"，学会了从站稳讲台到探索高效课堂的蝶变。2019 年，34 岁的她经过学校中层干部公开竞聘成为高中生物组教研组长。不单单是姚亭秀，同一批的 12 名新教师已经有 6 名成长为八十中的中层干部，其余教师也成为教育教学的骨干。

"6年的研修，意味着留痕的培训结束了。"在田树林看来，其实这种留痕正从有形内化为无形，不经意间，一名教师发展的内驱力就产生了，优秀、卓越等一个个阶梯正在等待他们的攀登。

青年教师的华丽蝶变，让八十中新教师发展的路径愈发清晰。一套总规划、6年精细研修，让一名名新教师面向太阳自由"生长"。

实战为先，单蹦变双跳：两项基本功，深埋粗壮"根系"

在八十中，有两项坚持了15年雷打不动的活动：每学年上学期的教学基本功大赛和下学期的教育基本功大赛。可以说，包括青年教师在内的所有八十中教师是在两个活动不间断交替举办中一轮一轮走过来的。

北京市特级教师、正高级教师、第八十中学教学处主任涂洁，1992年毕业后就一直在八十中工作，目前已经工作了30年。在她看来，教学能力和教育能力是青年教师的核心素养，前者考验的是教师能否上好一节课，后者考验的教师能否带好一个班级。

"刚来的两年内，田校长只做了一件事：听。"回忆起举办两项基本功大赛的历史时，涂洁说，"校长通过听课发现了当时学校成绩下滑的原因：课堂低效。"而课堂低效背后是教师特别是青年教师的基本功不牢。于是，在听课两年后，从2006年开始，田树林在八十中大刀阔斧地举办了两项基本功大赛，并一直持续到今天。

以今年第十五届教学基本功大赛为例，从8月开始准备，要一直持续到11月底。用涂洁的话来说，要经过四轮的比拼，每个学科才能评选出全校的第一名，参加全北京市示范性高中同课异构研讨。

回忆起参加第十三届教学基本功大赛的感受，青年语文教师王圣洁用了"脱胎换骨"一词。短短三四个月时间，她经历了语文教研组内"真刀真枪"的比拼、市骨干教师磨课说课、全校跨学科教师"放大镜式"的评价反馈，最终代表八十中语文教研组参加了北京市第五届示范性高中同课异构研讨会，与景山学校、十一学校、一七一中学等北京市高中示范校进行同课异构教学交流，提升了自身的教育教学能力。

提升青年教师育人能力的关键是做好教育基本功培养。八十中教育基本功系列培训包括开好家长会、设计主题班会、班级管理等内容。培养青年教师的教育能力，涉及与学生沟通、与家长沟通、与任课教师沟通、建立班规、建设班级文化等。

作为 2015 年青年教师研修院第一批新教师学员，冯琳琳在研修班习得的系列主题班会思路让她受益匪浅，"设计好系列主题班会可以对学生产生持续的教育影响，班会开得有深度，学生的成长就会有高度"。经过三四个月的打磨，冯琳琳的系列主题班会设计在学校教育基本功大赛中脱颖而出，最终在第四届北京市中小学班主任基本功培训与展示活动中荣获"一等奖"和"最具魅力奖"。

在两项基本功大赛的示范带动下，青年教师的实战经验不断积累，教学、教育的根系越扎越牢，八十中的课堂开始高效起来。

朋辈为师，独行变群飞：三级导师制，播洒开悟"雨露"

在八十中，每位青年教师都要拜 5 位导师：学科和班主任导师、教育和教学导师、总导师。

原来，为了助力青年教师全面提升教学基本功和教育基本功，青年教师研究院对原来师带徒的培养模式进行了创新，整合全校优质教师资源，建立起"三级导师制度"。一级导师为总导师，由学校德高望重、在教育教学方面都非常突出的老教师和退休教师担任；二级导师为教育和教学导师，由年级组长和教研组长担任；三级导师就是传统意义上的带徒师父，分为学科导师和班主任导师。

5 位导师相互配合、相互碰撞，从不同角度、以不同方式对新教师进行师德、教育、教学全方位的共同指导，青年教师能广泛学习前辈经验，最大限度地博采众长。

2020 届新教师赵帅阳是北京大学地理专业的博士，非师范出身的他怀着纯粹的教育理想来到八十中。从科研者到为人师者，赵帅阳发现现实中的地理教学和最初的想象并不相同，因而陷入困惑与迷茫中。

学校拜师会上所拜的导师们在赵帅阳的职业成长道路上扮演了领路人的关键角色。在听了赵帅阳《地球的宇宙环境》的说课之后，学科师父刘颖男点拨赵帅阳说："讲课要放开，要让学生多参与进来。"二级导师杜文红更明确地表示："讲课一定要接地气，高学历的青年教师自身有很强的科研能力，但是一定要考虑学生的学习情况。"这些导师从战术到战略的全方位指导，对初来八十中的赵帅阳可谓是醍醐灌顶。经过认真打磨，赵帅阳的开学第一课很受学生喜爱，这让他的教学生涯有了一个很好的开头。

"做一名好老师不简单。"青年教师发展研究院的总导师江建敏表示，青年教师刚参加工作时问题特征很明显：一是不具备教育教学的基本观念，教学活动设计不够细致，最后变成"满堂灌"；二是在教研方面，青年教师自己的想象力和创造力都被限制了，又如何提升学生的探索能力和创造性解决问题的能力呢？作为总导师的她，要不断设法加强青年教师的教育教学基本观念，还要引导他们紧贴教改的前沿，让课堂教学从以教师为中心转变为以学生为中心。

除了三级导师制外，青年教师发展研究院还建立了朋辈之间互相学习的机制。新教师研修班开发新教师学长课程，由已经结业的学长整合并承担部分培训课程，形成新老学员互动，学长交流传承，构建新型的培训机制。每周举行一次的新教师论坛主要采取小组合作、共同研修的模式，根据不同的内容分成不同研修小组，新教师共同学习、共同探讨、共同成长。

创新为要，隔阂变动力：多学科融合，淬炼科研"肥料"

"如何点亮一盏灯？串联并联哪个更亮？"在实验课上，学生一边思考教师提出的问题，一边有条不紊地推进实验，从制造电源、设计电路到最后成功通电点亮小灯泡。

这是一堂融合化学、物理、数学三科知识的项目式学习的优质实验课：

化学教师使用锌和氯化铁原电池达到足够功率点亮灯泡，学生在实验中举一反三得出了影响原电池功率的微观原因——温度、电极材料等。

灯泡点亮后，物理教师指导学生通过控制原电池内阻调节灯泡亮度，学生认识到串联或并联并不一定能提高电源功率。

数学教师将整个实验过程抽象为数学模型，得出了串联与并联对电源功率的影响取决于电源的内阻这一结论。

"跨学科是未来的导向，学校一直鼓励教师以项目式的学习为契机实现学科间的交融。"物理特级教师、正高级教师韩叙虹认为，打破学科壁垒，实现教学内容的有机整合，对提升课堂效果，解决教学难题大有裨益。

除了"点亮一盏灯"的实验外，八十中还有生物、化学与信息技术三科融合的"光合的捕获""光能的利用"项目，生物与物理两学科融合的"成像技术与人体""发光生物的原理""磁场与动物行为"等丰富的学科融合式项目。

"教师要在工作中研究，研究中工作。研究的选题要来源于教师日常教育教学最困惑的问题。"田树林表示，学校一直秉持"科研强师、科研强校"理念，鼓励教师把教学与研究融合，去做研究型的教师。最终的研究成果不仅能让教师成长，更能让学生受益。

因此，在八十中，高学历的青年教师把研究的视角带入了教学，教学的思维最终又升华为研究的思维。这一"反哺、回炉"的过程，让名牌学校毕业的青年教师们实现了高起点与高质效之间的完美转化。

如今，在学校，跨学科的融合、学科内的融合、信息技术与学科教学的融合、教学与科研的融合等多类"项目式学习"和"STEAM学习"已成为常态，进一步丰富了教师们的教学理念和方法。青年教师们在课堂中锐意创新、大胆突破，不仅让学生们跳出书山题海，更引导学生了解到学科的本质，进而增强了学生对学科的浓厚兴趣。

8个正高级教师、37个特级教师、13个退休特级教师……回顾学校多年来对教师培养体系的改革与发展，田树林欣慰地告诉记者，八十中学蹚出了一条以青年教师为突破口，整体提升教师质量的创新之路，打造了一支高品格、高智慧的教师团队，也助推了学校教育的高质量发展。

面对着文章开头关于教育本质的哲学思考，在田树林的带领下，八十中人作出了自己的清晰回答：65 年来，八十中塑造了一棵棵扎根成长的青年之树，营造出了一片共生和谐的教育之林。

◆ 配发评论 ◆

营造理想育人生态

教师作为教育发展的第一生产力，是学生成长的关键引路人，更是新时代建设教育强国强校的核心要素。一所好学校并不是靠优质生源堆出来的，而是依靠一支勇于创新、热爱学生、肯于奉献的教师队伍建设出来的。

近年来，北京市第八十中学站在立德树人的高度，将用人与培养人有机结合，创造性地建构了青年教师队伍高质量发展的长效机制，呈现出培养层级化、培训实战化、导师多元化和教研一体化等显著特征。

培养层级化。学校搭建"青年教师发展研究院"培训平台，制定出青年教师总体培养规划，针对不同阶段的青年教师定制不同的培养目标、培训内容、课程体系和培养方式，促进高学历青年教师尽快向高能力教师转变。

培训实战化。教师核心综合素养是教学基本功与教育基本功。八十中以这两大基本功为抓手，让青年教师在教育教学实践中练就过硬本领，用扎实的学识滋养学生。

导师多元化。以"三级导师"进行团队引领，一方面承继传统的"师带徒"模式对青年教师进行个性化培养，另一方面最大限度整合全校优质教师资源，让青年教师在教育、教学、科研等方面尽可能地博采众长。

教研一体化。八十中一直为青年教师营造良好的教科研氛围，鼓励他们打通教育与科研的壁垒，做研究型的教师。各类项目式学习早已成为教育教学的常态，教师提升的同时，学生也在不断受益。

十年树木，百年树人。通过青年教师这片郁郁葱葱的"森林"，八十中已经营造出了理想的育人生态。在这里，教师为心灵而教，为深刻而教，助推学生走好从普通到优秀再到卓越的成才路，进而释放生命的更多可能。

（原载于《中国教育报》，2021 年 10 月 20 日，王阳参与）

教师第一：教师的事必须排在第一位 [①]

曾几何时，一顶"八山一水一分田"的帽子，让过去闭塞的山里人走上了一条以环境换取重工业发展的沉重之路；现如今，教育的绝地突围，让这里"柳暗花明又一村"，处处成为适宜人才成长的"绿水青山"，收获了中考成绩城乡差距全省最小的荣誉。

曾几何时，一座曾拥有"半亩方塘"的朱熹、"程门立雪"的杨时等名人的文化名城，因为经济的降速换挡，人才流失、"孔雀东南飞"；现如今，尊师重教的重张，让这里备受青睐，摘得了学前教育普惠率全省第一的桂冠。

曾几何时，一个由两县而得名的地市，为"闽南金三角"的耀眼光芒所掩盖；现如今，初中"壮腰"、书法"示范"、评价改革的大手笔，让这里"一飞冲天"，站在了舞台的中央。

山区小市办成了"大"教育，财政穷市办出了"富"教育，"藏"在闽西北叠岭层峦里的革命老区——福建省三明市，是如何确定突围的方向，办出了"一鸣惊人"的教育，创造了福建基础教育的"三明现象"？近日，中国教育报记者踏上了这片"风展红旗如画"的红色热土，踏寻山区穷市办教育的密码，感知全面贯彻新发展理念的三明探索与实践。

发展教育，教师是第一资源：教师的事必须排在第一位

2017 年 9 月，刚过完教师节不久，三明市政府出台的一份文件下发到全市所有学校，一时间教师们沸腾了。

---

① 原标题为"瞄准突围的方向——福建省三明市基础教育改革启示录（上）"。

这份文件是三明市政府出台的《三明市基础教育工作绩效考评指导意见（试行）》，以及有关教育质量、培优补差、班主任、名师名校长的4个考评办法。"1+4"配套文件，核心是教师激励。2019年，三明市委、市政府在此前基础上对原有文件进行了政策加码，出台新的"1+4"正向激励机制，即《关于促进基础教育高质量发展的若干措施》和4个系列配套实施细则，更加突出"优教优酬、多教多酬"，同时将文明奖、综治奖等纳入市县财政预算予以保障，有效解决了广大校长和教师工作积极性不高的问题。

翻开这份被当地简称为基础教育"1+4"正向激励机制的文件，给教师的大礼包一个比一个"货真价实"：

年段长、班主任按每人每年7000元标准核增学校奖励性绩效工资总量，50%以人均标准按月发放，剩余50%由学校制定具体考评细则，实行差别化发放；

省级名师名校长、学科带头人按每人每月1000元、600元补助，市级名师名校长、学科带头人按每人每月500元、300元补助；

教师超工作量按每人每课时80元标准发放奖励金，所需经费列入市财政预算……

数据显示，从2017年9月至2019年12月，三明市共新增追加学校奖励性绩效工资1.71亿元。

加码的还有各县市区，永安市将特级教师列为市人才管理，对特级教师每月发放500元津贴；每年财政投入约380万元，落实对取得中、高级职称落聘未聘相应岗位的人员予以全员聘任；对引进的硕士研究生，在购买首套房时给予15万元购房补助。

在三明市委书记林兴禄看来，发展山区教育，如果没有真情实感、没有真金白银，教师是留不住的。"因此，教师的事必须排在第一位！"

三明市市长余红胜始终认为，教师是第一资源，"三明教育的核心问题，就是从头到尾要解决教师的内在动力问题"。

为了"教师第一"，三明举全市之力，创造了很多三明历史上的"第一次"。

第一次建立编制周转池制度，缓解教师配备不足。

2019 年 7 月 24 日，三明市政府下文同意建立大田县教师编制周转池制度，从市级调剂 1246 个事业编制到周转池，专项用于补充大田县中小学、幼儿园教师。

一次性调剂 1246 个编制！耕耘教育半辈子的大田县教育局副局长田剑锋说，这在大田县历史上从来没有过。

2019 年，三明市探索跨层级调剂事业编制，建立"全市统筹、保障急需、动态流转、用后返还"教师编制周转池制度，从市级非教育领域 35 个事业单位一个一个"抠出"了近 2000 个空余事业编制，先后提供给大田县、梅列区、三元区，彻底解决基层教师入编问题。

"不单单是教师周转池，三明还建立起人才编制池。"三明市委编办副主任陈宝文介绍，今年由市委编办牵头从市级存量事业编制总量内调剂 100 个事业空编，建立市级人才编制池，专门用于三明学院、三明医学科技职院和中小学等事业单位，引进高层次人才和急需紧缺人才。

第一次启动市级师范生公费教育试点，加强师范生培养。

今年参加考试的三明市高考生发现，在填报志愿时，可以看到具体到自己所在县的公费师范生招生计划。在家门口免费上大学，又提前落实工作岗位回到家乡教书，这吸引了众多考生报考。

原来，从 2018 年起，三明市委托三明学院开展师范生公费培养工作，公费师范生在校学习期间免除学费、免缴住宿费，公费师范生毕业后由县市区定向安排到辖区中小学任教，已先后招生 369 人；今年又出台《加强和改进师范生培养九条措施》，委托三明学院按县单列录取方式培养公费师范生 222 名。

"按县单列录取，这是全省首创。"三明学院校长潘玉腾说。

高校敞开大门，每年与三明市召开一次市校联席会议，逐步建立起教师专业发展学校、优质生源基地、基础教育专家库、面向三明市基础教育教学改革等一大批市校合作项目，三明市地方师范生培养与地方院校发展迎来了春天。

第一次出台农村紧缺师资代偿学费计划，拓宽教师来源。

三明市规定，从 2020 年起新录用到三明市乡镇及以下公办农村中小学任教的本科毕业生，在履行相关协议和符合有关要求前提下，任教满一年后每人每年退学费 5000 元，连续退费 4 年，共计 2 万元。

这是福建针对贫困县的政策，三明却在全市 12 个县市区全面铺开、扩大实施代偿学费计划，目的只有一个：吸引更多高校毕业生到山区农村学校任教。为了拓宽教师来源、招揽人才，三明市在常规教师招聘主渠道中也有突破动作，如开创性地将基础教育 10 个学科以及教育学类全部专业列入市级年度人才引进和招聘紧缺急需专业目录，用好引才措施、扩大招揽范围，并简化招聘程序、直接面试考核，累计引进省内外紧缺急需学科优秀毕业生 700 多名。

通过多种举措，2016 年以来，全市共招聘新任教师 5866 名，其中 41.8% 为音体美、英语、信息技术等紧缺学科教师，56.5% 补充到乡镇及以下学校任教。

三明，打了一场"教师第一"的总体战。

促进均衡，链式管理是撬动支点：十五年一盘棋

面对长达十五年的基础教育，如何抓均衡？莫非，眼睛只盯着高考？三明的做法是：壮初中这个"腰"，来强上、下的"头"和"脚"，即抓中间、带两头。

在宁化县初中——城东中学，2018 年转为公办后，政府实施了一系列强有力举措，"强壮"这所城区初中：投入 5600 万元改善办学条件，把宁化县教育局中学教育股股长陈华沐调过去做校长，并让学校与城东幼儿园、宁化第二实小、宁化一中结成教育链，重点推动各年段教学质量过关的落实。

在陈华沐的带领下，城东中学开展了专注于质量提升的精细化管理，坚持年段过关和学生分类培养，制定教学年段过关标准，建立后 30% 学困生档案并进行跟踪管理，采取科任教师承包负责制帮扶学困生，给予完成转化指标任务学校"年段过关奖"和"学困生帮扶专项奖"。

学困生的"长尾"被大大剪短，学段间衔接更加紧密顺畅，优秀生源源

不断地被输送到宁化的高中。以宁化一中为例，学校应届本科上线率稳定在95%以上，一本上线率达50%左右。

不只初中专注于均衡，三明实施基础教育质量提升四大工程，即学前"雏鹰"（即将全面启动）、小学"强基"、初中"壮腰"、高中"筑梦"工程，坚持抓中间、带两头，宽进口、厚出口，强化学前、小学、初中、高中"四段一体""重心下移"精细化教育管理，形成全学段、全过程、全方位提高教育质量良好生态环境，共同构筑了一条基础教育十五年一贯的链条。

在三明市副市长张文珍看来，促进均衡，链式管理是撬动发展的支点。为了避免头重脚轻、顾此失彼，三明实行十五年一盘棋管理。

其实，三明的均衡链式管理有三条链：第一条是学段链，推行十五年一贯制，大带小；第二条是校际链，推进总校制、片区联盟，强带弱；第三条是城乡链，推行一体化战略，城带乡。

除了前面所述的第一条链，2017年，三明在市区先行试点基础教育总校制改革，探索优质均衡发展链式管理的第二条链，并于2018年秋季向县域延伸，今年起探索实行优质分校再带分校的跨县域"二级总校"模式。

在总校三明学院附属小学帮扶下，薄弱校三元区建设小学办学焕然一新：学校、学段和班级"从无到有"全覆盖建立起家委会，德育工作成了学校快速发展的突破口。学校以往每年有70名左右学生转出，现在每年转入100多名学生，老百姓在家门口就享受到了优质教育。

目前，三明市已组建76个总校制学校，结对分校122所，推动总校与分校管理融合、教师互派、文化统一、教学同步、学科共研，分校教育教学质量得到明显提升，有效解决了优质教育资源不均衡问题。

总校制改革也延伸到学前领域，以省示范性幼儿园为龙头，10个试点县16所公办园总园实行"总园制"办学，并在全省率先开展农村学前教育巡回支教走教试点，共设立支教点210个，选派乡镇中心园骨干教师每周深入支教点走教，解决了偏远乡村幼儿就近接受学前教育的需求。

第三条链是实施城乡一体化发展战略。三明的核心做法是：标准化。

在永安市偏远乡镇学校西洋中心小学，创新"4+1"宿舍标准化管理，

"4"即一会（晨会）、二查（内务检查、夜间查铺点名）、三巡（早间、午间、晚间的安全巡查）、四定（寄宿生用餐实行定桌、定位、定人、定餐），"1"即家园五区文化建设（寝室区、心理咨询区、诚信银行自选区、洗浴区、文体活动区），让学生舒心、家长放心。

放眼全市，三明在全省率先出台农村非完全小学建设标准，全市187所乡村小规模学校2019年全部通过标准化评估，创建省义务教育管理标准化学校182所。全市学校在福建省义务教育质量监测中城乡差距明显缩小，全省统一中考成绩城乡差距全省最小，高考高分人群和本科上线率城乡分布趋于均衡。

三明的均衡之道，关键在于链式管理、捆绑考核。但这并没有限制各个学校的发展，各学段充分发掘特色文化，实现多样发展。

市区高中三明九中致力于打造美术教育特色。目前，三明在艺体、理科、人文、科技、拔尖人才培养、普职融通、国际合作等方面形成了"一校一特色，一校一品牌"，创建省、市级普通高中特色项目校10所。

而在小学阶段，三明通过"一主两翼"抓"强基"，"一主"即以课堂教学改革为主阵地，"两翼"即以书香、墨香"两香"为奠基工程，深入开展校园大阅读活动，让师生写一手漂亮的中国字。

基础强了，腰杆壮了，梦想圆了。近年来，三明市基础教育均衡水平走在全省前列。城乡义务教育一体化发展取得新成效，比预定计划提前两年实现"国家义务教育发展基本均衡县"创建目标。2018年，初中"壮腰"工程被列为教育部教育重点工作事项，并入选福建省委改革试点项目。2019年，该市入选全省义务教育阶段唯一的"省基础教育改革发展实验区"设区市；今年7月，被教育部评为"普通高中新课程新教材实施国家级示范区"。

三明，打了一场"教育均衡"的翻身战。

提升质量，教学管理是常态抓手：始终抓住教研这个"牛鼻子"

5月24日，邓利琴竟然真的见到了"偶像"黄耐明。作为宁化一中的年轻生物教师，她一直渴求获得三明市级生物教研员黄耐明的指导。

原来，在学期初，三明市组织所有高中申报本校所需的"送教下乡"巡回教研具体学科和具体教研员。邓利琴就"点"了全市生物教研"大咖"黄耐明，令她没想到的是，黄耐明不仅来到学校，还在当天的教研巡回讲学中讲解了高考大纲最新要求和备考指南。

青年教师可以"点"知名教研员，是三明教育学院创新开展的"点餐式"巡回教研。2019 年 8 月，三明市整合三明电大和三明市教科所资源组建三明教育学院，强力推动教研机构体制机制改革。

"提升质量，教学管理是常态抓手。"在三明市委教育工委书记、市教育局党组书记刘若嘉看来，对于山区市三明而言，没有太多外部优势资源的注入，只能始终抓住教研这个"牛鼻子"，坚持向常态管理要活力、向精细管理要效率。

为此，三明市以三明教育学院为依托，出重金支持各县市区教师进修学校建设，健全市、县、校、年段放射状教研网络，重点推进三件事：选人、挑错、上课。

第一件事，选人，抓队伍建设。

三明教育学院组建之初，市委、市政府就立下严规：一定要把最优秀的教师选出来，让他们成为老师的老师，不合格的坚决不要。

为此，三明市建立专职教研员轮岗挂职制度，50 岁以下教研员每五年必须有一年到一线学校兼任教学工作或顶岗上课，50 岁以上教研员每三年必须有一年到一所学校兼任教研岗位工作。学年末与学校一线教师一起考评，合格则返回三明教育学院，不合格则轮岗延期一年，一年后仍不合格则调离教研员岗位。

风乍起，吹皱一池春水。在强有力的政策下，三明教育学院完善教研员挂片制度和考核办法，组织教研员下沉一线服务学校，开展推门听课、巡课、评课、带头上示范课、开设专题讲座、参与命题等，并选聘首批兼职教研员 60 名，组建多个教研片区，教科研队伍面貌焕然一新。

第二件事，挑错，抓质量检测。

每年高三冲刺阶段，都是全市教研员最忙碌的时候。针对市、县、区高中毕业年级教学中存在的学科短板，发挥"全市一盘棋"作用，市教育局牵头组织各市、县、区高中"点餐"，三明教育学院具体组织高三学科指导组组成巡回讲学团，赴全市各个高中进行专题讲学。

巡回讲学团成员有市级教研员、兼职教研员以及刚经历一轮高考的毕业班教师，每位成员到校必须做到"三个一"：在高三年段听一节课、作一场教师交流、开设一场讲座。

各个高中学校的活力也被激发出来，凝聚团队合力，普遍成立教科处、增设高研室，加强高考研究、命制原创试题。

除了重点年级、重点阶段，三明教育学院每学期都常态化开展教师命题能力提升培训及下校视导推门听课，开展课堂教学"达标"、学科教学视导与教学诊断等活动，每到期末开展全市统一命题及质量检测，教研员长期"泡"在学校，大大提升了科研服务基础教育的水平。

第三件事，上课，抓教师培训。

"打开了一扇窗。"永安一中附属学校教师章秋梅这样评价在厦门五中跟岗学习的感受，把每个班分成几个部落，每个部落4至5名学生。课内讨论、分小组实验、作业检查甚至家校合作、课外拓展等都以部落为单位，学生自主了，合作产生了，教育达成了。

这样的跟岗合作始于2016年12月三明与厦门签订的《明厦教育山海协作对口帮扶工作备忘录》，三明帮助三明一中等9所市属学校与厦门一中、双十中学等名校建立结对帮扶关系，2017年起向区县拓展延伸，目前共选派了409名校长、教师赴厦门对口学校挂职锻炼、跟岗学习，厦门市教育专家、名师名校长和骨干教师83人受邀到三明市讲学指导。

沿海闽南金三角的先进经验，通过"山与海"的对话，源源不断地输送到了闽西北的山区，特区帮了老区、名师出了"高徒"！

三明，打了一场"教研变脸"的突击战。

破解难题，贴近民意是改革扳手：群众的需求就是初心与底气

10个月，建成一所全新的高标准现代化学校。这是一段今年流传在三明城区的佳话。

地处寸土寸金老城区的三明纺织厂老厂区，是原先三线建设背景下上海搬迁到三明的老纺织厂。根据城市发展和规划，厂房被异地搬迁，原本打算开发成商业中心的地块被政府顶住压力调整为建设学校，背后的原因就是该区域学位供给严重不足。

于是，2019年10月，市委、市政府下了死命令：2020年秋季开学必须让学生坐在新学校里上课。

面对这几乎不可能完成的"应急"任务，城发集团专门成立补短板项目小组，集中优势力量、提前介入、倒排工期，打响了一场"保学位"的应急战：

集团总经理助理黄清泉被特意抽调到补短板项目小组任负责人，从那一刻开始，未来10个月的每一天他都出现在工地上；

补短板项目实行"进部门不过夜"，本来走完正常手续需要半年的时间，被缩短为3个月；

一边的厂房还没拆完，这边已经开始进场打桩；

本来需周转2～3次的水泥模板来不及拆，为缩短等待时间，全部使用全新模板；

三明市委常委、宣传部部长林斌每半月来督查一次，项目小组召集施工、学校等各部门负责人每周在工地开一次碰头会现场解决上一周的问题……

一个小学校汇集了全市优势力量，牵动了全市关切目光。2020年9月10日，这所校名传承着上海与三明渊源关系的沪明小学正式开学，起早贪黑的建筑工人代表被特意邀请到了开学仪式上，接受新生们献上的绶带。

那一刻，望着崭新的校园，黄清泉眼泪一下子流了出来。

新建沪明小学，是三明市教育补短板行动的一个缩影。2019年9月，

三明市委、市政府在《三明市区基础教育布局调整专项规划（2017—2030年)》基础上，出台《三明市教育补短板应急项目建设实施方案》，市、县两级党政主要领导亲自挂帅，党政领导包项目督查，坚持特事特办、高效务实原则，按照"程序不减、时限压缩、应急管理、四项保证"要求，实行"政府统筹、国企承建"教育建设项目交钥匙工程。

据统计，全市实施补短板项目 374 个，总投资 42.93 亿元，项目全部竣工投入使用后，可新增中小学、幼儿园学位 6.67 万个。

"贴近民意，是破解难题的关键所在，是推进教育改革发展的扳手。"在三明市教育局局长涂林瑢看来，面对学位保障、招生入学等一连串难题，三明不忘初心，瞄准硬骨头、大胆推进改革，"群众的需求是我们推进改革的底气！"

没学位，难；分学位，更难。三明大力推进招生入学制度改革：以随机派位为主要方式的公办幼儿园招生改革试点有序推进，入公办园的公平性不断放大；印发《三明市区小学非"三统一"人员子女积分入学工作实施方案》，探索积分制入学制度，积分入学系统平台已于今年 7 月正式投入运行；义务教育阶段学校全面实行免试划片就近入学制度，进城务工人员随迁子女与当地城镇居民享受同等待遇，100% 进入公办学校就读。

"教师第一"总体战、"教育均衡"翻身战、"教研变脸"突击战、"专啃硬骨头"攻坚战……在没有太多"外援"的情况下，三明依靠强有力的改革，不断调整和丰富"战法"，实现了山区的绝地突围！

涂林瑢说："三明的教育突围战，永远在路上。"

（原载于《中国教育报》，2020 年 12 月 18 日，龙超凡参与）

信息素养：在技术面前，教师真正成了主导者[①]

烟雨江南，水墨乌镇。置身其中，感受到的却是传统与现代的碰撞、古朴与前沿的对话。

自 2014 年第一届世界互联网大会在浙江省桐乡市乌镇举办，这里就成了世界互联网大会的永久会址。种下互联网基因的江南水乡绽放出智慧城市的别样韵味，迎来国人和世界的目光。

在刚刚闭幕的党的十九大上，习近平总书记在报告中 8 次提到互联网相关内容，并首次明确提出办好网络教育。

千年水乡邂逅互联网，是巧合还是必然？记者日前走进桐乡，撑下一支教育的"长篙"，向水乡流淌的河水中"漫溯"，寻找桐乡教育的一船"星辉"。

使用，教师最清楚

今年 2 月，陆炳康从翔云小学一名普通教师，被破格提拔为乌镇植材小学校长助理。原因就是他对智慧教学的执着追求，从自发学习到带领团队攻克。

2014 年，翔云小学与公司合作，免费试用希沃交互智能教学一体机。当初，一体机只是被简单用来播放 PPT（演示文稿）。对信息化应用产生兴趣的陆炳康发出了疑问：难道一体机只能用来播放 PPT？

在课堂需求和问题导向的双重刺激下，陆炳康不断探索对一体机的使用，成长为一名信息化应用的"发烧友"。在他的带动下，学校几名对信息

---

① 原标题为"千年水乡 枕'网'而居——浙江省桐乡市推进智慧教育纪实"。

化感兴趣的教师自发成立了一体机应用攻关小组。无数个夜晚、周末，他们聚在一起研究，一体机的各项功能被不断"发现"，并应用到教学中。

当初只能用来播放 PPT 的陌生机器，变成了能唱、能互动的"魔术盒子"。"发烧友"教师的课，成了学生最期待的课。

"发烧友"的自发行动，引起了学校的重视。校长施志萍说，学校适时成立了智慧教育应用教研团队，让"发烧友"攻克，教研团队吸收成果，然后变成培训内容，向全校推广。

"为了提高培训效果，我们注重问题导向，加强问卷调查。"学校教科室主任章雁说，教师信息化应用的问题一一被挖出。针对每一个问题，教研团队给出了一对一的解决对策。

"信息化是海量的、碎片化的。"章雁说，培训内容和形式都要打碎。"在翔云小学一个固定会议前的 5 分钟，都是学校信息化校本培训时间，5分钟解决一个小问题。日积月累，大家信息化水平都提高了。"

为了保证培训效果，学校又提出了一体机教学功能过关测试，建立过关题库，每学期末对所有教师（包括校长在内）进行随机抽题测试。

试用期结束后，一条条一体机的使用改进意见被送到了厂家面前，令厂家十分意外。于是，陆炳康和同事应邀担任公司兼职技术顾问。

在技术面前，教师真正成了主导者。

放眼全市，教师自发探究智慧教育的热情被点燃。

在乌镇中学，城乡学生水平参差不齐、教学效果难以研判、后进学生照顾不足等问题，困扰着 2014 年新来的校长朱新江。一次偶然的机会，微课制作进入了他的视野。

"可以反复收看，在家也可以看。"经过两年多的探索，朱新江体会到了微课给教学带来的好处。现在，该校所有教师都开始制作微课，微课成了教学的好帮手。

如今在桐乡，一个由几名对信息化应用感兴趣的教师自发成立的信息化创新教学联盟正在逐步壮大，成员已有近百人。每周二线下沙龙、定期专题讲座、实时线上指导、编纂个性教材……半年多来，已有超过 1500 名教师受益。

监管，政府说了算

学校自主，是不是意味着政府就没有事情做了？

桐乡市教育局副局长路茂方说，软硬件好不好用，学校最清楚，政府不干涉。但背后的供应商合不合格？是不是真正俯下身来推动智慧教育？这就是政府的事了。"一句话：监管，政府说了算。"

在桐乡教育装备与信息中心办公室对面，有两间办公室，一间是头脑风暴室，一间是智慧工作室。

头脑风暴室，与普通会议室没有区别。然而从去年到现在，已有近百家公司来到这间办公室宣传过。

"真正留下来的只有3家。"教育装备与信息中心主任施维良说，被确定要合作的公司才有资格入驻智慧工作室，这里提供了工位、网络等舒适的办公环境。

从一间办公室到另一间办公室，从百家公司中筛选出3家，仅仅一墙之隔。

这道墙是什么？是政府的监管。

为筑牢这道墙，桐乡教育局做了两件事：建立10所"智慧校园"试点学校，成立教育信息化专家咨询委员会。

严格筛选的10所试点校，涵盖幼儿园、中小学、电大等各学段学校。各类教育信息化新型装备和"狸米学习""一起作业""攀登阅读"等众多特色应用软件正在试点校里试用、孵化。

这个项目能不能向全市推广，则由专家咨询委员会论证、决定。在委员会名单上，记者看到成员来源广泛：技术人员、教研员、校长、教师、政府相关部门负责人等。

那么，专家检验公司和产品的尺子又是什么？"本地化和实用性。"施维良一语中的。在他看来，智慧教育的核心是"数据＋服务"。数据和服务能否本地化？能否真正让师生家长认同并受益？这就是桐乡检验"智慧不智慧"的两把尺子。

施维良举例说，去年上海一家教育公司到桐乡推广它的教育 App（手机客户端软件）。市教育局给出的条件是：第一，数据中心必须建在桐乡并掌握所有数据；第二，App 不能用公司名，要改成"桐乡教育"，且开放后台，允许学校因校制宜进行个性化改造，同时开放第三方接口。

这家公司几经权衡后答应，第二天就派了 4 名技术人员来到桐乡进行定制开发。公司负责租房扎根桐乡，然后就在智慧工作室办公。这一干就是一年，人数也增加到 10 人。

现在，"桐乡教育"App 已成了桐乡教育最大的线上平台，教育局行政、学校管理、家校互动全部搬到线上。统一的模板与开放的设计，让每人、每校都在自由与约束间驰骋。

截至今年 10 月底，"桐乡教育"App 已有 90 所学校的 8500 余名教师和 13 万名学生家长安装使用，点击量超 1229 万人次，活跃用户超过 11 万。这仅仅用了 10 个月的时间。

本地化的结果，就是政府主导、公司参与，尽最大可能满足各类用户需求。在施维良看来，只有秉持这样的原则，智慧教育才不会走偏。

短短一年，桐乡教育局在学校、政府、企业之间划出一条清晰的界限，使用、监管、技术各司其职、各行其是。

资源，教研员来定夺

暑期，在桐乡教育门户网站上，挂着一个特殊的浮动窗口：2017 年桐乡市互联网学校暑期直播课。

点击进去可以看到今年暑期 9 个学科 90 节桐乡名师直播课的课表，内容包括试卷讲评、名著导读、疑难点回顾等，学生可按时间表看直播并互动。

为了实现接收端全覆盖，今年 5 月，浙江首家公益性智慧教育 TV 端——"桐乡智慧教育"正式上线。每个桐乡人只要打开华数电视页面，点击"桐乡智慧教育"板块，便可选择微课、直播课进行观看，实现了手机端、电脑端、电视端统一推送。

路茂方介绍，桐乡市互联网学校是浙江第一家公办互联网学校，于今年一月正式上线。直播课堂、智慧研训、资源建设、家校共育等功能，成了这一新生实体的使命。

谁来讲，讲什么？在路茂方看来，资源平台建设的关键不是技术而是名师。因此，桐乡教育资源的建设要让教研员全面介入和把关。

桐乡市互联网学校首任校长的另一个身份是市教研室副主任，在他的主导下，互联网学校"网罗"全市名师，组成 11 个名师工作室，定期召开名师工作室会议、名师直播质量分析会等，为信息资源建设把脉。

教研员，"网罗"资源；名师，"坐诊"云端；师生，时时处处可看。

"全覆盖、优质化"，这让商业培训没了市场，政府视频资源、直播课则门庭若市。在 2016 学年寒假及第二学期，互联网学校开设了两期 138 节直播课，收看人数超过 21 万人次。

自 2016 年区域提出智慧教育的命题后，桐乡教育生态悄然发生变化：教育信息化投入每年达到 3000 万元，全市教职员工每人每月获得 500 兆移动办公流量补助，智慧教育被纳入政府教育督导，信息化应用纳入名师评价。

距乌镇世界互联网大会永久会场不远，植材小学在校长彭建清的带领下，正被改造成一个现代化的智慧校园：在校门口，高清摄像头接收到刚进校门的学生佩戴的电子胸卡发出的信号后，自动拍摄 10 秒进校视频及照片，发送到学生父母手机上；在教室电子班牌旁，学生可以用电子胸卡刷卡查看父母发来的信息；在课堂上，学科教师拿出"码书"（印有二维码的辅导书），告诉学生每道作业后面都有一个二维码，扫码可观看教师的讲解视频……

在桐乡，记者仿佛看到了未来智慧校园的模样。

（原载于《中国教育报》，2017 年 11 月 13 日，蒋亦丰参与）

书香致远：阅读成为教师的终生信仰 ①

在这里，校园处处能见到书，阅读在校园随时随地发生，好书成为学生最容易获得的资源；

在这里，谈论书、互荐书、分享书成为教师工作中的常态，阅读成为教师的终生信仰；

在这里，家有图书角、每天留出"爱的时光"、周末有亲子读书会，家长阅读陪伴成为父母给孩子的最好礼物；

……

"我们现在推进的大阅读，实际在 20 世纪 90 年代就已经开始了，这得益于'书香南岸'的引领，才有今天这样的变化。"谈起南岸教育日益浓厚的阅读氛围，重庆市南岸区委教育工委书记、区教委主任李智的喜悦之情溢于言表。

一场关于阅读的接力赛，在南岸水滴石穿、静水流长。

创设条件、搭建平台：好书成学生最易获得的资源

"亲爱的小朋友，你喜欢看童话故事吗？快跟蛋妞、蛋仔一起畅游故事的海洋吧！"近年来，南岸区弹子石幼儿园巧妙利用室内空间，打造融合绘本墙、绘本馆、绘本角的立体化阅读环境，帮助孩子实现"随处可见"的阅读。

"这是楼梯间的阅读角""这是我校的美读世界""这是占地 140 平方米、藏书 10 万余册的书吧"……走进重庆人民（融侨）小学，仿佛进入了一座

---

① 原标题为"重庆南岸区持续接力推进'书香南岸'行动——书香润南岸　阅读伴成长"。

图书馆，校长尹杰带着记者边走边介绍，琳琅满目的书籍、沉浸式的阅读环境，置身其中，让人身心舒畅。

"学校有阅览室，班里有图书角，我自己也会买喜欢的书来读，现在已经读了100多本。"天台岗融创小学六（2）班学生竺姿源说，她身边都是爱阅读的同学，通过阅读，她开阔了视野，明白了很多道理。

近年来，南岸区各学校充分利用走廊、大厅等空闲区域，搭建图书架，设立阅读区，在每个班级建立图书角，拓展学生阅读空间，让阅读在校园随时随地发生，让好书成为学生最容易获得的资源。

对于学校而言，包括图书资源和阅读空间等在内的阅读资源建设是推进学生阅读的基础。为此，南岸区充分发挥政府主动性，出台一系列文件，推动课内外阅读系统化、规范化，架好大阅读的四梁八柱。

今年4月，南岸区教委印发了《书香南岸大阅读实施方案》，按照"全员参与、全科协同、全面阅读、全程阅读、全心阅读"的大阅读思路，构建"上下联动、内外协同"的工作机制和"123456"实施体系，即"一个品牌（书香南岸大阅读）、两套体系（内容体系、方法体系）、三个平台（全学科平台、校内平台、校外平台）、四个学段（幼儿园、小学、初中、高中）、五支队伍（研究队伍、教师队伍、学生队伍、家长队伍、图书管理队伍）、六种阅读活动形式（读、写、讲、演、赛、评）"，提升核心素养，服务终身发展，奠基学生的幸福人生。

以全员参与为例，南岸区不断加大全民阅读基础设施建设，积极拓宽全民阅读平台，邀请各领域专家学者、大国工匠、榜样人物进校园，与师生、家长开展面对面的阅读交流活动，激发师生、家长的阅读热情，帮助学生从小养成阅读习惯，涵养家庭阅读风尚，大力营造"书香南岸"的浓厚氛围。

"今年推出的方案是在20世纪90年代就推行的'书香南岸'的基础上，加入了大阅读的元素，突出'全'的理念，让阅读在南岸区真正随时随地发生。"李智介绍，以此确保学生有书读、有时间读、有地方读、有氛围读，引导学生在读书中享受乐趣、感悟人生、获得成长。

建强队伍、贯通学段：阅读成为师生的终生信仰

在南岸区，教师也越来越意识到，教育本身就是一本等待被阅读的大书，而在教育的身后，阅读正是那扇连接世界的大门。

南岸区进修学院附属小学六（3）班班主任罗杰，从专业阅读中汲取到了育人智慧。刚参加工作时，面临的一个棘手问题让她印象深刻——班上有个特殊学生，在表达和沟通方面有些障碍，总是不自觉地扰乱课堂秩序，学生家长更是对教师产生了不信任的情绪。

"读了《做温暖的教育者》这本书后，我发现自己可以设身处地地换位思考，认识到这个家长最关注的不是孩子的学业成绩，而是希望帮助孩子获得群体的认同。"罗杰耐心地与家长沟通，并把自己读到的育人故事分享给家长。慢慢地，家长从一开始的不认可到后来逐渐接受，再到如今充分信任，家校沟通顺畅了，对孩子的教育也达成了共识。

"学校本就是读书的地方，教师本该是读书人，教师能通过阅读拓宽视野、提升本领、陶冶身心。"南岸区委教育工委委员、区教委副主任江洋表示。

南岸区每年引进很多年轻教师，这些新教师入职后，由于缺乏教学经验，遇到了许多困惑。为此，南岸区通过组织教师读书分享会，表彰读书先进个人，激发教师阅读内驱力。同时，各学校开展教师经典诵读、读书心得分享、好书推荐、好书互换等活动，引导教师在阅读中寻找灵感，在交流中启迪智慧，在反思中共同成长。

在南岸区各中小学的教学工作安排中，阅读已成为提升教师专业能力的高频关键词，谈论书、互相推荐书、分享读书收获成为他们工作中的常态。南岸区各学校每学期至少开展一次教师读书分享报告活动，每名教师至少阅读两本教育教学专业书籍。

"提倡孩子读书，老师为什么不能写书？你写的书他们更愿意看……"南坪实验小学洋世达校区语文教师陈云娥表示，自己编写的 9 本儿童读物在市场上一直比较畅销。

重庆市第十一中学深入开展阅读教育研究，以"构建'大阅读'校本课程的行动研究""大阅读视域下重庆市高中语文课程创新基地"等市级重点研究课题为抓手，促使学校大阅读课程的建设体系越来越完善。

除了队伍，南岸区还从贯通学段上发力，实现了幼儿园、小学、初中、高中四个学段的分级阅读，每个学段开展符合学生成长规律的阅读活动，激发学生的阅读兴趣。

"如果古代有微信，下面谁会出现在武则天的朋友圈？请选手答题。"这是天台岗融创小学第九届"融创杯"诗词大会决赛现场的一个场景。

观塘初级中学围绕"书香润心田，阅读伴成长"主题，持续推进"享受·阅读""感悟·诵读"的大阅读活动。

学生社团、学生论坛、大阅读活动节……重庆市第十一中学将单一的语文学科大阅读推广到跨学科大阅读。

南岸区通过绘本、亲子表演、亲子伴读等活动激发幼儿阅读兴趣；掌握阅读方法，引导小学生形成良好阅读习惯；加强历史文化、卫生健康等方面阅读，扩大阅读视野，拓展阅读范围，引导初中生初步学会通过阅读来解决现实问题；加强文学、历史、哲学、艺术等方面阅读，帮助高中生树立正确的价值观，提高阅读鉴赏和阅读评价能力、开展综合性探究的读写能力。

南岸区还建立了学生阅读能力水平监测机制，采取过程性和终结性考查方式，引导学校将阅读教育纳入育人全过程。结合时事、中华优秀传统文化，开展以"读、写、讲、演、赛、评"六种形式为主的阅读活动。通过常态阅读、经典诵读、整本书阅读分享、写读后感、制作思维导图、主题演讲、即兴口语表达、情景剧表演、阅读展演和各级各类比赛，以及"书香少年""书香教师""书香班级""书香家庭""书香校园"等评选活动，丰富"书香南岸大阅读"内涵。

亲子共读、走向社会：陪伴阅读成为父母给孩子的最好礼物

"孩子的好习惯不是天生具备的，需要我们做家长的用心引导和培育。对

于孩子来说，如果从小养成了读书习惯，就会受益终身。"江南小学五（3）班学生黄靖尧的妈妈周媛表示，家长的阅读陪伴是父母给孩子的最好礼物。

江南小学为每名学生印制了《跬步"悦"读》记录册，学生每天晚上保证至少30分钟的阅读时间，提倡学生家有图书角或小书架，在家中与父母共读，营造读书氛围。

通过阅读，搭建家校之间的桥梁，共同助力孩子健康成长，已成为南岸区越来越多学校的选择。为充分调动学生和家长参与阅读的积极性，今年以来，南岸区教委组织各学校广泛开展"书香南岸大阅读"系列活动，围绕"阅"见美好（好书领读）、"阅"读悦美（经典诵读）、"阅"享幸福（品味书香）等主题，引导广大家长积极参与书香家庭建设，推动亲子共读走深走实。

近年来，陈云娥和同事们致力于读写教学的研究与实践，结合全校师生的读写水平，利用周末开展"亲子读书会"，邀请父母与孩子"同台竞技"，并组织学生和家长前往南山植物园"阅读大地"，做一个现代版的"徐霞客"。

在南岸区城郊的南山里，位于千年"茶马古道"上的文峰小学联动社区、村居，用阅读促进社区文明，打通阅读普及的"最后一公里"，让孩子们时时处处都能触摸到书香。

"我们倡导家庭留出'爱的时光'，让家长每天抽出二三十分钟，与孩子共读都喜欢的文字、故事。"珊瑚鲁能小学语文教研组组长杨溢说。

"让阅读成为每一位南岸教育人的终生信仰。"李智表示，下一步，南岸区将充分发挥教育系统优势，强化示范引领带动，推进学校、家庭、社会协同发展，加强书香家庭、书香校园、书香南岸建设，让阅读的环境更美，让阅读的氛围更浓，让阅读的力量更强。

（原载于《中国教育报》，2023年12月14日，杨国良参与）

海南引才：开放之岛柔性引来全球名师[①]

2019年政府工作报告中提出，赋予自贸试验区更大改革创新自主权，增设上海自贸试验区新片区，推进海南自贸试验区建设、探索建设中国特色自由贸易港。

因改革开放而生、因改革开放而兴的海南，再一次站立在新时代的潮头。而教育，无疑是其中最为生动的章节。正如习近平总书记所言："海南全面深化改革开放是国家的重大战略，必须举全国之力、聚四方之才。"

一时间，琼岛教育人倍感振奋、干劲十足，深化教育改革之潮再次澎湃。自党的十八大以来，"百万人才进海南"战略、候鸟型人才计划、国际教育创新岛项目等先后重磅出炉。

打开大门，向全国乃至全球引进教育人才

2015年8月29日，保亭黎族苗族自治县保亭中学来了一位神秘的客人，他在学校连续转了4天。直到第5天，全校才召开大会宣布：新任校长已经到任，就是这位神秘的客人——周小华。

而校长到任后的两个月，还是在学校里转，不开一个会。直到10月底，周小华用了30分钟开了第一个会。会上，他图文并茂、言简意赅地指出了学校存在的30多个问题，并提出了一个理念——办一所温馨的学校，解决教师待遇和幸福感的问题。学校教职工第一次全体起立为校长热烈鼓掌。

3年过去了，教职工的心情顺了，学生乐了，连续3年高考，逐年创造

---

① 原标题为"千方百计引进人才，积极开展合作办学，开放共享教育资源——海南：教育开放引来改革活水"。

高考新纪录，并有两人考到了清华、北大。这对于地处海南中部贫困山区的国贫县——保亭而言，简直是破天荒之举。

周小华是海南省自 2015 年实施的中小学"好校长、好教师"引进工程第一批好校长之一。该项目实施 3 年来，以"1 名好校长 +5 名好教师"的模式共面向全国引进优秀校长教师 300 名，其中校长 51 名、骨干教师 249 名，吸引了北京、上海、山东等 29 个省份的 3220 人报名。引进的校长、教师中，特级教师 34 人、正高级教师 4 人，全国劳模、全国模范教师、全国优秀教师、国务院政府特殊津贴专家 12 人。省财政安排 1.5 亿元用于保障引进校长、教师的安家费和 5 年聘期内年度工作补贴。

值得一提的是，该项目强化"校长 + 骨干"团队引进模式，促进形成优秀管理团队，较好地解决了过去引进人才单打独斗、难以融入地方的问题。其中到贫困市县、民族市县、乡镇学校工作的达到了 75% 以上，充分体现了引进工程对贫困薄弱地区教育的倾斜支持，起到了"雪中送炭"、补齐人才短板的作用。

"好校长、好教师"引进工程被评价为海南建省以来"规格最高、规模最大、经费最多、待遇最优"的人才引进工程。

海南是我国最年轻的省份和唯一的省级经济特区。"由于海南建省晚、经济基础薄弱，建省 30 年来我们所做的工作很大程度上都是在打基础、补短板，突出表现为教育质量偏低，优质教育资源严重不足、发展不均衡，人才培养质量不高。"海南省教育厅厅长曹献坤说。

在曹献坤看来，随着办学条件和普及率的提高，制约海南教育质量和人才培养质量提升的关键在于师资，这也是海南教育最薄弱、最急需突破的领域。

除了"硬性引才"外，海南省还凭借全国唯一热带省份的优势，按照"不求所有、但求所用"的工作思路，积极开展"柔性引才"，出台"候鸟型"人才工作的措施和意见，建设、管理、维护海南省"候鸟型"教育人才信息网。

高等教育方面，实施"冬季小学期"，通过经费、住房、科研条件倾斜等举措，吸引和引进名家大师来海南授课，实现常态化、规模化、品牌化。

职业教育方面，全省中等职业学校利用省财政设立中等职业教育特聘兼职教师专项，按照每个岗位每年 6 万元的标准，聘用包括"候鸟型"人才在内的能工巧匠。

基础教育方面，各市县长期聘用"候鸟型"人才，开展讲座、校外辅导等；厅直属中学主要通过签订合作协议等形式，聘请"候鸟型"人才担任学校发展顾问。

据统计，全省教育系统共引进各类人才 3559 人。引进领军人才 4 人，拔尖人才 6 人，其他高层次人才 170 人，银发精英 9 人。海南大学引进人才100 人，其中，海南大学唐朝荣入选 2018 年国家杰青，实现海南省国家杰青零的突破。海南医学院柔性引进美国哈佛大学医学院教授施国平、华东师范大学生命科学学院院长刘明耀两位顶尖专家及其团队。

通过"好校长、好教师培养工程"分类分岗培训了 1300 多名省级骨干校长教师。三亚市教育局引进当代教育名家、上海教育功臣刘京海校长在三亚学校设立"刘京海工作室"。全省建设了 80 个省级卓越校长教师工作室及 8 个特级教师工作站，均按工作室年度计划开展活动。加大优质教育资源供给，满足引进人才需求，出台《海南省高层次人才子女入学实施办法（试行）》，明确引进高层次人才子女入学的办理流程、优惠条件。

合作办学，引进优质教育资源

2015 年中高考后，一条新闻引爆当时的海南教育圈。

北京师范大学万宁附属中学首次中高考综合排名在全省名列前茅。在万宁本地人看来，这就是那所 3 年前才办学、没人看好、生源很差的新建校。

不仅仅是万宁人，整个琼岛基础教育界都在问：为什么？短短 3 年时间，在这所学校里究竟发生了什么？

时间拨回 2012 年，在北京师范大学与海南省人民政府的共同合作下，一个新生的合作办学实体在琼岛这片火热的试验田里落地。随后，从全国300 多名报名的优秀校长中脱颖而出的全国名校长张东海出任该校校长，一半教师从北师大等全国重点师范院校应届毕业生中招录，一半教师从全国在职优秀中学教师中招聘，全部由北师大的专家组在全国招聘。

优秀的团队搭建起来后，全新自主办学模式又为这个新生实体提供了肥沃的土壤："国有联办"的全新办学体制、"理事会领导下的校长负责制"的全新管理机制、"全人教育"的全新教育理念、"学思课堂"的全新教学模式，书写了该校"低进高出"的教育传奇。

"独乐乐不如众乐乐。在过去几年中，我们充分发挥万宁附中的引领作用，以点带面、竞争拉动，携手营造一个共同发展的教育生态。"万宁市教育局总督学曾强说，通过校际教学交流活动和外校教师入校跟班学习，北师大万宁附中源源不断地把先进的教育理念、管理机制和教学模式传播、推广到万宁其他学校。在北师大万宁附中的标杆引领下，万宁市中小学校比学赶帮，整体教育质量快速回升，学生外流变成了回流。

而在海南中部贫困山区的国贫县——琼中黎族苗族自治县，华中师大到此与琼中思源实验学校合作办学，利用华中师大全国合作平台开展了考核评价改革、跟岗学习培训、研学旅行等多种合作，让学校沉下心来、重新打磨原有的教学模式，并提炼为"八引七环教学法"，带领学校迅速提升办学质量，成为琼中教育异军突起的力量。

在华中师大的带领下，琼中多所学校开展了教学改革、教师提升等工程，琼中县教育局局长傅永东介绍，从2014年开始，琼中每年回流学生1000人。

2016年1月，海南省启动了"一市（县）两校一园"优质教育资源引进工程，即在"十三五"期间，每个市县引进省外优质教育资源，至少办好一所优质中学、一所优质小学和一所优质幼儿园。

仅2018年以来，湖南师大附属定安中学、华中师大琼中附属中学思源实验学校、中央民大附中陵水黎安实验小学、北大附中海口学校、北大附小海口学校、人大附中海口实验学校、清华附中文昌学校等9所优质学校已正式开学，共提供优质学位约1.7万个。

为了避免"优质基因"出现水土不服现象，海南省政府于2017年6月出台了"一市（县）两校一园"工程实施意见，从办学经费、人员编制、土地划拨、税费减免、招生计划等方面提供政策支持和制度保障。

截至目前，全省20个市县（区）已引进或正在洽谈的合作办学项目共计70个，其中14个市县23所学校和幼儿园已落地办学。

"合作办学的目的是把引进教育资源的优质基因植入本地教育机体，激活一池春水，让所有学校共享优质理念，实现教育质量的整体突破。"曹献坤说。

资源共享，做高等教育的国际岛

"海南是我国唯一一个热带省份，高温高湿的环境对于生物实验而言，具有育种快、生物多样性丰富等优势。"刚刚"牵手"海南大学作物学学科的国家杰出青年科学基金获得者罗杰说。

"刚来到海南大学，学校就给了4000万元用于建设研发平台。"除了科研平台，罗杰之所以来到海南大学，主要是因为这里的优势条件为自己研发绿色健康的有机农产品提供了肥沃的土壤。

作物学是海南大学的王牌专业，入选了"双一流"建设学科。"对于作物学等入选'双一流'建设学科，学校每年投入一个亿全力支持建设成为世界一流学科。"海南大学发展规划处廖双泉介绍说。

习近平总书记"4·13"重要讲话中提出，"要支持海南大学创建世界一流学科，鼓励国内知名高校和研究机构在海南设立分支机构，鼓励海南引进境外优质教育资源，举办高水平中外合作办学机构和项目"。

随即，海南省对外合作、开放共享的大门加速打开。

瞄准"双一流"，海南省印发《聚全省之力办好海南大学的工作方案》，明确力争让海南大学在2020年、2035年、2050年实现3次跃进，建成热带农业、热带海洋、国际旅游等领域特色鲜明的高水平大学和中国热带最美校园。2018年初步安排海南大学财政拨款11.6亿元，比上年增长4.5亿元，增长63.8%。

服务"一带一路"，海南成为全国首批8个签署"一带一路"教育行动国际合作备忘录的省份之一，积极"走出去"，目前在国外新建两所孔子学院；主动"引进来"，支持国内外一流高校在海南设立分校或研究院、研究生院等，推进深海科技城和海口桂林洋教育科技产业园区的落成，目前中外合作办学项目达到 16 个，全省高校与国外及港澳台地区共 406 所高校建立友好院校关系，博鳌亚洲论坛、中国—东盟教育交流周等平台效应日益显现。

打造"留学海南"，制定和实施好国际学生校外勤工助学政策、设立海南省国际学生预科教育学院、推动完善国际学生奖学金政策体系、开展国际学生文化系列活动、打造留学海南新基地等。截至目前，全省各高校国际学生总人数 4640 人，比 2017 年的 3520 人增加 1120 人。实施"海南学生外语水平提升行动计划"，通过改革课程内容、教学方法和考试方式，全面提升各级各类学生的外语水平。

举办"共享大学"，以"超级大学"的模式为抓手，采用"大共享、小学院"模式，图书馆、教学楼、公共实验楼等公共设施共享共用，实现办学模式的体制机制创新。

"机遇属于勇于创新、永不自满者。"曹献坤说，站在新的历史起点上，海南教育人不忘初心、牢记使命，计划到 2035 年，建成具有海南特色、国内领先、世界一流的教育体系，为服务国家战略、建设自由贸易试验区和探索建设中国特色自由贸易港培养大批高素质、国际化人才，扛起争创新时代中国特色社会主义生动范例的教育担当。

（原载于《中国教育报》，2019 年 4 月 6 日，王友文参与）

教师权益：教师也可以做律师 ①

重庆市教委行政审批事项从原来的 100 多项减少为 25 项，今年准备再减少到 13 项；

早在 6 年前就成立了教育评估院，强力推动管办评分离；

在全国较早举行学生不服处分申诉的公开听证会，维护了学生的权益；

由 16 名教师组成的全市第一个"教育律师团"成立，指导并协助学校办理涉法事务 445 件；

全市首个初中学术委员会成立，对学校学术问题拥有一票否决权；

……

近年来，重庆从根本上提高认识、转变观念，全面推进依法治教，明确依法治教的目标任务和路线图，探索构建"政府管教育，学校办教育，社会评教育"的新型关系，用法治思维推动教育综合改革，让法治成为改革的"保护神"。

先立规矩，再来改革

当今，"现代学校制度"成为学校发展的关键词。如何建立现代学校制度？现代学校制度的内涵和外延是什么？

前不久，一场历时两个多月、以"需求"为主的教育督导在重庆南岸区教育系统上下联动开展。围绕"现代学校制度建设"和"师资队伍建设"2 项需求主题，11 所学校在专家组指导下，有序开展校内教育教学督导，"体检"学校全面工作，找出"真问题"，专家组建言学校发展方向，促使学

---

① 原标题为"让法治成为改革的'保护神'——重庆市推进依法治教工作透视"。

校形成"从规划到实践、从实践到诊断、从诊断到调整"的科学发展逻辑。

在南岸区天台岗小学校长江洋看来，这种"需求督导"一改"权威式"和"考核式"的督导方式，真正走进了学校深处，帮助学校找到本质问题，并"对症下药"出谋划策，进行了卓有成效的价值引导。

什么样的依法行政才是有效的、高效的？从南岸区政府教育督导室副主任赵波的介绍中，记者了解到他们近两年来开展"购买服务"，探索构建"区政府教育督导室、学校、第三方资源"共同携手的区域教育督导新型关系的做法。"需求督导"先后在全区26所学校试行，效果很好。明年围绕"现代学校发展"主题，全区63所学校将全面覆盖。

"运用法治思维和法治方法推进教育各项工作，既是落实依法治国、依法治市决策部署的要求，也是顺利推进教育综合改革、维护教育系统和谐稳定的现实需要。"重庆市教委主任周旭表示，依法治教不仅是党和国家的要求，也是来自民间和社会的期盼，更是来自教育的本质诉求。

重庆正把法治建设作为深化教育领域综合改革的突破口，以提升依法执政水平、不断完善依法治教体系，切实推动教育治理从计划监控模式向现代法治模式转变。

过去，很多事情都是"先整起来再说"，如今是"先立规矩，再来改革"。近几年来，重庆市级层面建立了6项教育改革工作制度，完善了重点改革任务管理、试点项目管理、成果推广工作方案等工作办法，出台教育改革文件106个，在现代教育制度建设上迈出了新的步伐。

"教育不仅要有知识、技能、智力等维度，更要有法的维度。法的维度是教育事业健康、稳定、有序发展的保障。"周旭强调，"我们要把该管的管住、管好，把该服务的服务好，把该协调的协调到位。"

按照"法无授权不可为""法定职责必须为"的原则，重庆2012年开始对涉及教育行政审批的100多项进行了全面清理。"非行政许可全部砍掉"，到2013年保留了41个，到2014年减为25个，到今年，准备只保留13个。形成"权力清单"，同时，对应每项行政权力，明确"责任事项"，一一列出行权过程中的追责情形和追责依据，做到有权必有责、权力受监督、违法必追责。同时，根据市政府统一部署，将行政许可项目全部纳入网上行政审批平台，接受监督，实现便民高效。

重庆市教委8所直属中小学管理制度的改革，可谓进入白热化。按照法律规定，义务教育实行"以县为主"的管理体制。由于历史原因，8所学校一直由市级管理，虽说"触动利益比触及灵魂还难"，但重庆迎难而上，即使"割自己的肉"，也是义无反顾。从去年开始，启动了直属中小学管理体制调整工作，多次调研，反复倾听各方意见，修改完善方案，而今，8所学校全部平稳顺利下放到区政府管理。

在采访中，记者了解到，重庆每年落实普法专项经费300万元，用于推动对青少年普法、法治宣传教育培训、行政执法培训等，同时，市级财政每年投入3000万元为义务教育阶段学生免费提供法治教科书，人手一册。

用法治解决办学困惑

"用依法治教来解决当前教育面临的困惑，通过依法治校，实现管理的制度化、规范化和法治化。"对此，徐悲鸿中学校长黄先进深有感触。

2010年，通过全国公开遴选招聘优秀校长，黄先进来到这所由江北区建新中学和北城实验中学合并而成的新学校。进校第一件棘手的事就是解决教师绩效工资方案。"拖了3个月的绩效工资一直没发。"人心不定。黄先进说："尽快制订绩效方案成为当务之急。"

绩效方案该遵守哪几个原则？向教师岗位倾斜？兼顾后勤？向班主任倾斜？"相信你的职工代表，相信依法治校。"在职代会上，经过几番利益交锋，最后达成按6大原则制订绩效方案的共识，63名职工代表全票一次通过。一件乱麻般费时费神的事情得以快速解决，用黄先进的话来说："令我感到意外，也令全校教职工感到意外。"

学校依法走出了发展的第一步。如今，教代会成了教职工行使民主权利、参与民主管理、实施民主监督的基本制度。学校还率先在重庆建立了"教师发展中心"，组建了学术委员会，发扬学术民主，调动教师开展教学科研工作的积极性和创造性，很好地促进教师主动发展。

"凡事有法可依，有章可查，有规可循"，法治成为徐悲鸿中学，也成为全市各级各类学校内部管理的基本方式。

在重庆，法治教育现在是全市大、中、小学雷打不动的"开学第一课"。全市基本形成了市、区县、学校三级联动，相关部门协同参与的法治教育格局。

目前重庆已创建教育部依法治校示范校 6 所，市级依法治校示范校 270 所，40 个区县中有 39 个区县（除城口县）均有一所以上市级依法治校示范校引领当地学校开展依法治校工作。

在重庆高校，法治的研究与实践也底蕴深厚，亮点颇多。

"只要有涉及学生事务的议题，都要邀请学生代表列席参加，并把这个作为一项制度长期坚持下去。"西南大学发展规划处处长葛信勇介绍，去年学校制定了学生代表列席校长办公会制度，至今已 6 次邀请学生代表参加，议题涉及研究生支教团、研究生退学、学生违纪处分等相关事宜，有效地建立起学生与学校决策层面信息交流的平台。还启动实施了学生代表提案工作机制，共形成有效提案 126 份，内容涉及教育教学、生活服务、成长成才三大方面。

早在 2003 年，西南政法大学就制定并实施了《学生违纪处分听证程序暂行规定（试行）》，2004 年 3 月，又率先在学生申诉复议中，首次公开举行了学生不服处分申诉的听证会，"修改本科生退学规定"（建议案）的听证会。这些做法，在重庆市乃至全国高校中走在了前列。"通过全面推进依法治校，把学校的教学管理和办学活动纳入法治化轨道，作法治的表率。"西南政法大学校长付子堂说。

作为依法治校的总纲，重庆高校的章程建设也在紧密推进。目前 95% 的高校已形成了章程草案，已经核准了西南政法大学、重庆师范大学、重庆理工大学、重庆文理学院、电力高等专科学校和房地产职业学院等 6 所高校的章程。到 2016 年初将完成全部市属高校章程的核准工作。随后，将启动全市中小学章程建设工作，力争 2017 年形成"一校一章程"格局。

用第三只眼看教育

目前，重庆现行教育地方性立法共6部，市政府规章3部，市政府规范性文件30余件，市教委规范性文件60余件。2016年，将启动《重庆市校园安全条例》的立法调研和《重庆市职业教育条例》《重庆市国家教育考试条例》的立法修订调研，进一步完善地方立法体系。

经过近4年的努力，反复征求各方面意见，修改40余次，《重庆市教育督导条例》今年9月1日正式施行。该条例对教育督导的机构设置、职能职责、督学构成、督导体系、督导程序、督导结果运用等作出了明确规定，全面规范了政府全口径的监督。重庆还成立了399个督学责任区，实行督学责任区挂牌督导制度，政策执行、上情下达、热点难点、解疑释惑、民心民意，在督导立法有效管用上，通过这一路径加强了社会监督和自身监督。

"教育制度本身就是一种教育资源，对依法治教具有决定性、关键性的意义。什么样的制度，培养什么样的人。在依法治教的氛围里，学生会耳濡目染，从而形成办事依法、遇事找法、解决问题用法、化解矛盾靠法。仅口头依法，行动无法，无异于把法治丢在寒冷的冰窟窿里。"周旭的一番话耐人寻味。

在立法监督的同时，重庆积极探索建立当地人大代表、政协委员、社区群众、家长代表、有关单位等社会各方参与的教育评价机制。

重庆市教委政策法规处处长刘云生介绍，围绕近年来发生在全国及周边的民办非学历培训机构倒闭、老板卷款跑路等恶性事件，重庆"运用多方协商机制参与监督管理"，邀请社会公共知识分子、专业领域的专家学者、相关部门、举办者和社会人士等一起商讨，共同研究规章办法，2014年7月出台了《重庆市民办非学历教育培训机构管理暂行办法》，成为全国首个规范民办非学历培训机构管理的省级政府行政规章。同时，联合相关部门制定了《重庆市民办非学历文化教育培训机构设置标准》和《重庆市民办非学历教育培训机构培训费专用存款账户管理暂行规定》两个配套文件，切实规范教育培训市场主体行为，建立完善对教育培训机构的培训费监管、信用管理、行业自律等制度，促进教育培训机构健康发展。

据了解，近年来，办理教育行政复议案件 8 件，教育行政诉讼案件 28 件，进一步畅通了社会监督渠道。

"用第三只眼看教育。" 2009 年成立的重庆市教育评估院，对全市各级各类教育进行评估，并接受各级教育行政部门、各类教育机构等的委托，开展相应的评估。之后又成立了重庆市基础教育质量监测中心、重庆市职业技术教育质量监测中心。6 年来，监测评估在重庆风生水起。

院长龚春燕介绍，该院较早开展了义务教育发展基本均衡督导评估工作，构建"办学基本标准＋均衡发展工作＋校际均衡状况＋公众满意度调查"的义务教育发展基本均衡督导评估模型。截至 2014 年底，重庆已有 10 个区县通过了国家义务教育发展基本均衡区县督导评估认定。

从 2010 年起，该院连续 5 年对重庆 40 个区县近 700 所学校进行基础教育质量监测，内容涉及学生数学学习质量状况、心理健康状况。教育监测的数据报告为政府制定和完善基础教育政策提供了决策依据。2014 年发布了《重庆市义务教育阶段学校质量标准（试行）》，从 10 个方面来衡量好学校的标准。以此，重庆教育教学质量评价有了量化的标尺。

"我们既是评估专家，又是法制宣传员，也是学校法制宣传的服务者。"评估院研究室主任陈瑞生谈起 6 年来的实践探索时说，当专业结论得到了有效应用实施时，特别欣慰：教育评估真正起到了服务教育行政决策，服务学校教育质量提升，服务师生成长的作用。通过评估监测，师生感受到法治让生活更美好，法治让教育更美好。

"现在各单位只要有评估，都纷纷拿给评估院做。"目前，案头上要做的事更多了，副院长沈军告诉记者，目前正在开展"十二五"教师队伍建设整体性评价、民办教育的年检，接下来还将开展对教育政策的评估……

教师也可以做律师

"现在，教育律师团的 16 个人全部取得了律师资格证。"重庆市南川区委教育工委副书记王永均说。

王永均所说的教育律师团，指的是成立于 2007 年的南川区教委教育律师团。这个团的成员全部来自教育系统内部，有教师、校长、区教委干部。

"当初成立的初衷很简单，就是为了解决越来越多的教育法律纠纷。"王永均说。

然而令王永均没有想到的是，这个教育律师团一下子搞出了大名堂。

负责该团日常管理的南川区教委行政审批法制科科长周建告诉记者，目前律师团承担的工作已经达到 10 项，处理涉法事务、开展法规研讨、提供法律服务、开展课题研究、编辑法律书刊、创编法制教材、法律知识考试命题与阅卷、参与依法管理学校、协助行政执法、定时开展活动。

以涉法事务为例，教育律师团先后指导并协助学校办理涉法事务 445 件，开展各类法律活动 383 次。

教育律师团成员、道南中学副校长韦江毅告诉记者，律师团曾协助学校处理一起老师暑期在旅游景区游玩意外身亡事件，由于家庭复杂、学历不高，身亡老师的家属根本没有能力解决这个问题。

本着维护教师合法权益和人道主义精神，教育律师团多次赴事发地调查、与相关责任方反复沟通，并多次赴身亡老师家庭了解情况，做了大量说服工作。

"最终把赔偿额从 50 万元争取到近 90 万元。"韦江毅说。

"这些工作都是无偿的。"周建说，能一直坚持到现在，并越做越大、越做越好，就是因为坚持公益性，因为区教委的强力支持。

教育律师团成员黎先进，已经创办了自己的律师事务所。他告诉记者，相比专业的律师，教育律师团的成员更懂教育、更懂师生，而且是发挥集体的智慧。

南川区教育律师团的案例，是重庆各区县在面对缺师资、少编制、资金不足等困难时，盘活教育系统内部资源，创造的"土"办法。

这个"土"办法，花了小钱、办了大事。最终，这种"土"办法走向了全市，走进了"高大上"的高校。

在全市层面，重庆市教委鼓励现有的品德、思政、法律专题教育课的教师参加法律专业的学历教育，提高法律专业知识，目前全市中小学法治教育专、兼职教师达到 6000 余人。

此外，重庆市教委还向智库机构借智，逐步设立依法治教"四个中心"，即在西南政法大学设立重庆市中小学法治教育培训中心、在重庆市教科院设立重庆市青少年法治教育研究中心、在四川外国语大学设立重庆市教育法治研究中心，并拟设立教育改革创新研究中心，形成"教育法治四中心"格局。

"今年 7 月 20 日，培训中心顺利完成了重庆市第一期中小学法治教育教师培训。"重庆市中小学法治教育培训中心执行主任、西南政法大学继续教育学院院长侯东德告诉记者，全市 40 个区县推荐的 150 名中小学法治校长、骨干教师参加了此次培训。培训总时长为 1 个月，其中课堂讲授 15 天，配合 15 天的网络学习课程。

侯东德介绍说，在 2015—2019 年培训项目规划中，市级每年培训 300 人，5 年培训 1500 人，到 2020 年，保证全市每个乡镇至少有一名接受过市级以上培训的法治教育骨干教师。

在西南政法大学，早在 2002 年就开始探索和实行法律顾问团专家工作制度。这支以兼职为主、专兼职相结合的专家工作队伍，聘请有丰富教学、法律实务经验的本校专兼职教师担任法律顾问团专家成员，2002 年先成立了法律顾问专家组，2004 年第一届法律顾问团聘请了专家成员 11 人，2007 年第二届法律顾问团聘请了专家成员 13 人。

自 2002 年以来，在处理对外合同谈判与订立、仲裁、诉讼、完善内部管理规章制度等重大涉法事务方面，学校多次咨询校内各方面法律专家学者意见，多次邀请他们列席党委会、校长办公会等党政决策会议发表咨询意见，并授权他们参与法律事务处理及代理诉讼。

法律顾问团专家成员热心公益，工作效果良好，代表学校参与、办理了大量有关渝北校区建设、法律与管理制度文件审查、对外经济与合作办学交往、清缴学生无正当理由拖欠学费、处理学生管理纠纷等工作中的法律谈判、法律咨询、仲裁、诉讼代理等法律事务，维护了学校、师生员工的合法权益，完善了学校依法治教的创新性实践。

"法律顾问团，就像是学校的'保护神'。"西南政法大学校长办公室主任郭增琦说，"我们开展工作更有底气、更轻松了。"

（原载于《中国教育报》，2015 年 12 月 24 日，与胡航宇合作）

教师满意：化解教师急难愁盼的"关键小事" [①]

98.64 分！

这是诸城市在不久前公布的 2017 年山东省学生家长满意度测评中取得的成绩。这个成绩比上一年全省第一名提高了 1.02 分，刷新了"教育满意度"纪录。

诸城教育用了什么"绝招"赢得群众满意？

"我们始终坚持问题导向，瞄准群众需求，不断改善教育生态。"谈到教育满意度，诸城分管教育的副市长单东升颇有感触，他介绍，诸城聚焦学生、家长、教师三个维度，在群众迫切关心的"急事""烦事""难事"等"关键小事"上，精准发力，赢得了人民群众点赞。

破解"急事"：转变教育供给，让学生满意

早晨上学时间到了，在诸城最偏远的乡镇——石桥子镇大近戈庄村学生接送点站牌前，四年级学生陈梦迪和宋汶博高兴地走上了刚刚停下的校车。

随车照管人员王彩金在点名册上登记好学生姓名，提醒学生系好安全带，然后跟记者聊了起来："我们这趟车，主要跑诸城的几个'神经末梢'：大近戈庄、王家西院、中西院几个村庄，固定接送 40 个孩子，每天就跑早晚两趟。"

在诸城，校车运行路线已覆盖 971 个村庄、1.8 万名乘车学生，实现了校车全覆盖。

而在 2015 年以前，诸城校车运行情况还是另一番景象：校车都是个体

---

① 原标题为"山东诸城坚持问题导向，瞄准学生、家长、教师需求精准发力——'关键小事'垒起教育高满意度"。

运营，多拉快跑、超员超载、往返多次、没有随车人员等现象比比皆是，安全隐患大，学生、家长都有怨言。

"为了解决这个急事，2015年，诸城市依托长运公司成立了具有独立法人资格的育才校车有限公司，牵头对个体校车进行了全款回购，所有校车统一由育才校车公司运营管理，每辆校车补贴购车费用的30%，共补助1030万元。"诸城市教育局党委书记、局长李熙良说。

校车公司统一运营后，重新规划运行路线500多条，科学设置接送站点1300多个，根据需要新购置"大鼻子"校车39辆，并给每辆校车安装了定位系统和4个视频监控摄像头，统一接入校车公司、教育局、公安局安全监管平台。此外，政府对乘车学生每人每天补助5元，至今已发放补助2143万元。通过监控平台，可以看到每一辆校车的运行情况和车内学生的一举一动，实现了时时可看、处处可看。

时时可看的还有食堂。诸城全市47所中小学71家食堂全部完成了"亮厨工程"，家长、学生随时可以看到食品加工的全部流程，所有食堂全部配备了快检室。40多所学校食堂配备了专业营养师，为学生进行营养配餐，保证学生吃得安全、吃得健康。

除了安全，更大的变化出现在课堂。

为切实转变"分数论英雄"的传统评价方式，诸城与教育部基础教育课程教材发展中心联合成立全国首家县级中小学生学业质量监测评价中心，建立了学生绿色监测评价体系，设立了学科质量、实践与创新、艺体素养等6项指标，考试成绩不再是评价学校及学生的唯一标准。

同时，诸城引进网上阅卷系统和"必由学"增值评价系统，利用具体的增值状况来分析学校、教师和学生，不再简单地看分数和升学率。

分解"烦事"：瞄准痛点出手，让家长满意

"学校下午放学早，家长没时间接。"这样的问题，如今在诸城已经销声匿迹。

"以前，学校下午放学，多数家长还没下班，家长只好花钱让学生在校外托管机构托管，家长颇有怨言。"诸城实验小学校长谢建伟说，"2015 年，诸城在义务教育学校推出免费'延时服务'，与'四点半学校'、走班课程、社团活动相结合，列出十几种学生喜欢的项目供学生自主选择，解决了家长的烦心事。"

"'延时服务'让学生在感兴趣的领域得到了特长发展，产生了一批佼佼者，现在很多比赛，我们都不用刻意组织训练，各个'兴趣组'就能承担起任务。"实验小学副校长李子才告诉记者，"学校的合唱团荣膺山东省第一名，门球队荣获全国少年门球比赛第五名，乒乓球队连续多年获潍坊市男女团体冠军……"

"现在我不用天天请假来接孩子了，孩子放学后在学校里学萨克斯，既安全又省钱，这样的'延时服务'太有价值了！"实验小学四年级（12）班学生家长司朝霞说。

不仅仅是课后，为了让家长满意，诸城交出了一份份更加精彩的答卷。

把"学校建设""教师引进"作为提升办学条件之"两翼"，统筹规划、持续改善，目前已完成新建、改扩建学校 48 处，投资 20 多亿元，新增学位5.3 万个。2017 年秋季，在潍坊市率先解决了"大班额"问题。

始终把质量作为教育发展的生命线，聚焦学生核心素养发展，总结梳理了影响教育质量的"十个环节"，明确了提高质量的"二十条路径"，建立起一套科学有效的质量提升体系。5 年来，诸城高考成绩连年位居潍坊市前列。

诸城组建了 17 个家庭教育名师工作室，搭建新媒体服务平台，开展公益性家庭教育指导服务。各学校设立"家长开放日"，定期开放校园，邀请家长走进教室、走进食堂、走到学生身边。定期开展"万名教师访万家"活动、"父母大讲堂"教育惠民工程。

化解"难事"：创新管理体制，让教师满意

教育大计，教师为本。办好人民满意的教育关键在教师。

为了化解师资难事，2015 年诸城市人民政府常务会议研究决定，自 2015 年至 2020 年，每年补充新教师 500 人左右，优先按当年教师"退补相当"原则补充编制内教师，其余缺额部分招聘聘用制教师。4 年来，诸城共招聘新教师 2332 人，超过了全市教师总数的 20%。将超过 70% 新聘教师安排到农村学校任教，有效破解了农村教师年龄老化、结构性缺编、师资力量不均衡等问题。

化解了教师缺口的难事，问题又来了：新进教师多了，如何让新教师快速成长？

"新教师必须经过岗前培训合格后才能上岗。" 2015 年上岗的林家村小学教师黄文珂告诉记者，"上岗前，我们在教师培训基地封闭培训了半个月，培训内容包括岗前政治集训、专业素养集训、现场观摩教学等。上岗后，又利用周六和月教研活动时间参加分学段分学科新教师初岗集训，以及后续的实践研训、延伸培训等。"

黄文珂的成长不是偶然，而是得益于诸城精心构建的新进教师"343 培养机制"，即每年拨付 100 万元新教师专项培训经费，制订三年培养计划，构建域外、市级、学校、教研组四级培训联动网络，实施集中培训、分散研修和网络研修三种基本模式，促进新进教师一年合格、两年骨干、三年优秀。

"为了进一步提高农村新教师的业务素质，我们统一将农村新上岗教师安排在城区学校跟岗锻炼 1 至 2 年，一对一安排骨干教师担任'成长导师'，带领他们尽快成长为骨干。"诸城市教育局党委委员刘焕仁说，能够拿出 1 至 2 年的时间，让农村新上岗教师进城学习，这是需要顶住很多压力的，"但为了让教师满意，我们必须这么做"。

除了新教师的"岗前培训工程"，面向各个群体教师推出的满意之举还有：

诸城在潍坊市率先设立政府教学成果奖，每年发放奖金 200 万元。设立 1000 万元的美晨龙城园丁奖，专门奖励优秀教师。优秀的教师收获了满意。

高标准建设单身教师宿舍，全市投资 3000 多万元，建成居家式周转房

300 户、周转宿舍 355 间，并建设了教师文体活动中心。年轻的教师收获了满意。

设立大病探望制、帮扶制，对有困难的教职工和家庭发放救助资金 200 多万元。每年免费为教师组织一次健康体检。2016 年，争取捐赠 625 万元，为全市 5200 多名离退休老教师提供免费体检。弱势的教师收获了满意。

如今在诸城，学生学得开心、家长送得放心、教师教得舒心，群众满意度连创新高。办人民满意的教育，在这里，从纸上走到了现实。

（原载于《中国教育报》，2018 年 8 月 7 日，季廷勇参与）

海岛教师：教师成了"关键先生"①

榜上有名！

今年4月，浙江省公布第四批省教育基本现代化县（市、区）名单，舟山市定海区成功通过了省教育基本现代化区评估。至此，舟山市所有县（市、区）全部通过省教育基本现代化评估验收，与宁波一起在全省率先实现了教育基本现代化县（市、区）的"满堂红"。

作为一个完全是海岛的区域，这样的成绩来之不易。

从数量走向质量：教育成了"定海神针"

舟山各级党委、政府对教育寄予了很大希望，希望教育能够办好，从而留住人口、吸引人才、促进海岛经济发展。

教育成了舟山经济社会发展的"定海神针"。

早在2015年通过全国义务教育发展基本均衡县验收的舟山，就开始谋划教育的现代化。在舟山市教育局局长祝幸安看来，舟山教育现代化追求的应是五个"全质量"：全面质量、全体质量、全域质量、全学段质量、全门类质量。

为了实现"五全"，舟山教育在市域统筹的基础上，带动和引导县区教育发展迈向教育现代化，实现舟山教育从数量走向质量、从基本均衡走向优质均衡、从结果走向过程、从个人走向人人。

从数量走向质量，这不仅仅是数字的变化，更是理念的提升。

---

① 原标题为"浙江舟山狠抓均衡发展、师资队伍、课程建设、评价改革，迎来'满堂红'——全域教育现代化的海岛奇迹"。

舟山一共有 1390 个岛，住人的有 100 多个岛，存在着大量小、散、差的 100 人以下的小岛完校，即从小学到初中，甚至可以读到高中。这些小岛完校是当前舟山教育的底部，加之离岛交通不便，普遍存在师资力量弱、办学行为不规范、教学质量低下等问题，个别学校还存在严重的安全隐患。

"没有小规模学校的标准化、优质化，就谈不上舟山教育的现代化。"祝幸安说，为了既保证就近入学、方便渔民，又实现质量提升、内涵发展，舟山教育优质均衡的发展思路是优化布局小规模中学。

第一步是小规模初中——坚持人口迁徙规律与政府统筹相结合的科学原则，把小岛的小规模初中进行整合办学，由大岛上的优质初中学校在小岛设立小岛班，把优质资源辐射到小岛，坚决避免"一刀切"式的简单撤并。改革后，省级义务教育标准化学校比例达到 95%，处于全省中上水平；校际综合差异系数小学为 0.36、初中为 0.27，整体均衡程度处于全省中上水平。

第二步是小规模高中——原定海、普陀 5 所高中划归市属管理，金塘高中等 3 所小规模高中招生计划全部由市内省二级以上优质特色示范高中承担，稳妥推进市、区高中教育管理一体化。改革后，高中由 14 所变为 11 所，全部完成省级特色示范高中创建，二级以上特色示范高中比例达到 100%，远高于全省平均水平。

第三步是小规模中职学校——投资 8 亿多元集中新建、改扩建舟山职业技术学校、岱山职业技校、普陀职教中心和舟山航海学校 4 所中职学校。改革后，学校数量从 2012 年的 11 所整合为 4 所，校均规模从 1149 人提升到 1544 人。

从均衡走向优质：教师成了"关键先生"

在舟山，除了舟山本岛、六横岛、岱山岛等几个较大的岛外，其他都是相对较小、距离偏远的海岛。本岛以外的海岛教师进城意愿强烈。

以普陀区为例，在全面实施农村教师职务津贴、偏远海岛教师特岗津贴、特殊教师岗位津贴等补贴制度基础上，平均年收入高于城区教师约 15% 的情况下，海岛教师进城工作的意愿仍十分突出。

为彻底改变这种现状，2016年底，普陀区改革教师进城考试方式，在缩短海岛工作年限的基础上，教师进城实行实绩积分制。

实绩积分制考核内容包括工作年限、工作职务、评先评优、教学技能比赛、论文课题、辅导学生获奖等6个方面，对教师的德能勤绩进行全面考核。除工作年限外，其余均为工作实绩项，属于激励性项目。

积分制实施后，海岛教师呈现"五多"现象：争先恐后上岗的多、埋头钻研教学的多、无私奉献辅导的多、积极要求上进的多、学生区级获奖的成果多。

"进城实行积分制，意味着每年将有平时实绩突出的教师离开海岛。"普陀区教育局副局长王岳军介绍，该区在实施每年5%以上专任教师区内大交流时，确保足够的优秀教师交流到海岛学校，使海岛学校"优师"的比例相对稳定。

在普陀区教育局分管教师人事的副书记李晓东看来，从基本均衡走向优质均衡，最关键的是教师。

"目前，教师、校长交流251人，其中骨干教师交流56名，占符合交流条件骨干教师的33%，这比省教育厅要求的15%翻了一倍多。"舟山市教育局组织人事处处长张朝阳介绍，去年，该市随迁人事关系的教师和骨干教师交流比例均位居全省第一。

与此同时，教师方面的改革举措还在向更深层延伸：建立学前教育见习园长、招生服务区等制度；实施"1252"人才强教工程，实行教育部直属师范类高校毕业生应聘教师和浙江师范大学、浙江海洋大学优秀毕业生直接面试录用办法；实行教师考核结果与绩效奖励挂钩，实施年终绩效奖励存量与增量配套改革；启动义务教育阶段普通中小学试行教师工作量管理，科学设置教职工职责任务和工作标准。

从结果走向过程：课程成了"魔术神器"

走进位于长峙岛上的南海实验学校长峙校区，记者发现，除了三级课程以外，与教育相关的很多内容都被课程化，赋予学分、进行学期评价。

据该校执行校长周燕娜介绍，家长的言行表现、春秋集体出游、礼仪交往、汇报演出等都被课程化。例如春游，怎么组织、怎么分工、怎么执行等，都交给学生完成，教师在必要时进行协助。

"这样做的目的只有一个：实现过程性评价。"周燕娜说，在德育、家校、实践等课程化的基础上，学校构建起了完整的过程性评价体系，即一日评价、一周评价、一月评价、一学期评价、一学年评价，每个环节都有开放的标准和翔实的记录与奖励。

"教育，既要满足结果性评价，又要最大限度地完成过程性评价。"舟山市教育局副局长曾时尚说，没有动态的、过程性的评价，就不是教育的现代化。

近年来，舟山以课程为抓手，促进教育过程性评价：对义务教育学校拓展性课程建设与实施开展专项考评，目前优秀学校达到20%，合格学校为80%；全面实施初中学生成长记录与综合素质评价，与高中段招生紧密挂钩，引领综合实践课程的开发开设和主动参与；高中阶段常态开展四大类选修课程，形成"一校一品"的特色课程体系，满足不同潜质学生的选择性学习需求。

从个人走向人人：评价成了有力抓手

在舟山市教育局总督学邵伟康看来，现代化的教育必须遵循人人参与、个个受益的原则，最终要以评价为抓手，全面提升教育质量。

放眼全市，一场面向人人的评价体系正在迅速重构和成型。

学困生没有成就、没人管？舟山市把中考后20%学生的考核，纳入对下属各县（区）人民政府的教育发展责任考核中，明确规定了后20%学生提高、下降比例对应的分值，不放弃一名学生。

中职学生不好管理？舟山全省率先实现公安民警专职驻点中职学校全覆盖、心理健康教育全覆盖，编撰《中职学校法治教育案例读本》，开创了未成年人法治教材编撰工作的先河。2017 年，舟山中职学校涉校纠纷案件同比下降 37.3%，治安案件同比下降 23.8%。

民办民工子弟学校没人重视？舟山在全省率先实施民办民工子弟学校专项整治建设行动，通过减免税费等，加大财政补助力度，由之前的 8 所整合为目前的 3 所，全市省级义务教育标准化学校比例为 95%。同时，全面推行外来务工人员子女积分制入学管理办法，实行公办学校融合接纳。

（原载于《中国教育报》，2018 年 10 月 25 日，蒋亦丰、孙学荣参与）

雇员教师：来了就是义乌人

一提到义乌，人们首先想到的是小商品、国际商贸等词汇。的确，这座"建在市场上"的城市，骨子里有着对外贸易的天然基因。

很多人不知道，义乌顶着的"世界小商品之都"光环之下，伴随的是巨量的物流、人流，这也给当地教育出了一道巨大的难题。

这道难题有多大？

据统计，义乌本地户籍人口有 80 万，登记在册的外来建设者达到了143.7 万，外来人口数约是本地人口的 1.8 倍。100 多个国家和地区的 1.3 万多名境外客商常住，在义乌就读的外来建设者子女达 6.5 万人。截至去年底，外来常住人口占比在全国县级市排名中居前三。

这道难题怎么解？

加大学位供给，"小城"办出大教育

40%！

这是 2018 年义乌市各镇街"幼升小""小升初"中新迁入户籍数比往年增加的比例。而翻看之前 3 年义乌市各镇街"幼升小""小升初"中新迁入少年儿童户籍数，分别是：16357、17286、18314。到 2019 年，每月平均新增 130 余名少年儿童。

面对如此迅猛的人口增速，义乌原有教育资源显得异常紧张。"小城办大教育"问题紧迫，人口集聚所产生的"热岛效应"凸显。

"入学压力最大的是学前教育，一直涌入外来幼儿。"义乌市教育局局长叶国江一语道破问题所在，他介绍说，本地有幼儿 2.1 万名，非本地户籍幼儿则达到了 5.5 万名，约是本地幼儿的 2.6 倍。

对此，一直以外贸为生的义乌人，早就形成了"来了就是义乌人"的包容理念和"用国际眼光办教育"的开放视野。义乌市委、市政府向来对教育事业真重视、真投入、真研究、真解决，强化以问题为导向，充分发挥政府"有形之手"和市场"无形之手"的作用，推进教育供给侧改革，让孩子们在同一片蓝天下健康成长。

为了扎实推进教育工作，义乌市委、市政府主要领导当起了"一线指挥官"，每月召开教育专题会，研究教育热点、难点、堵点问题，同时要求各镇街每月也召开教育专题会。2016年教师节以来，召开市教育专题会20余次，研究教育重难点课题30余个，解决教育难题120余项，涉及教育规划、经费投入、教师编制、学前教育补短板等。

以学前教育为例，义乌2017年第七次教育专题月度会议，确定要按照公益普惠原则，大力发展公办性质幼儿园和普惠性民办幼儿园，3年内谋划筹建幼儿园108所，其中三分之二将建成公办性质幼儿园。

2018年1月，义乌市启动"三年百园"工程，使用闲置校舍、农村集体房舍、新增用地等，计划到2020年建设108所公办幼儿园，总投资25亿元，以"镇街中心园、片区园（社区园）、中心村园（小区园）建设"3种形式，实现义乌各镇街全覆盖。

义乌苏溪镇共有4500名学龄前儿童，仅有一所公办幼儿园分园。其间虽经多次争取，但建新园的工程项目一再推迟。最终于2017年，经过教育专题会顶层协调推进，强力解决涉及电力、消防等多部门的复杂问题，苏溪镇中心幼儿园复工开建，总投资1677万元。

如今，苏溪镇中心幼儿园共有12个班，开设了专业活动室、多功能厅、美术陶艺室、阅览室、生活馆等，至此，苏溪镇群众多年的心愿终于实现。

目前，义乌已建成11所"百园工程"幼儿园，开工建设40所。预计到2020年"百园工程"全部建成投用后，义乌市公办性质幼儿园共可提供3.87万个学位，覆盖面约53%。

不仅仅是学前教育，近5年，义乌市以大手笔投入和科学统筹规划来实现学位的加速供给，共实施教育项目210个，实际投入建设资金34亿元，建成中小学 19 所，新增中小学学位 2.2 万个。

深化管理改革，规范辟出"高速路"

走进义乌市教育局的办公大楼，有一块牌子引人注目：义乌市教育监察大队。

2006 年，义乌市率先在全省成立第一支教育执法队伍——义乌市教育监察大队。2014 年 9 月，义乌市教育局被列为全国首批教育行政执法体制改革试点单位，作为唯一县级市单位和上海、青岛等 8 个地方教育部门共同推进管办评分离，深化教育行政执法体制改革。

监察大队的首要职责就是，强化对民办教育机构的日常监管与执法。这一机构的率先成立，有力地助推了对占有重要地位的一类民办学校——新义乌人子女学校的改革：AB 级管理。

为此，经过认真调研，义乌于 2014 年出台了《新义乌人子女学校 AB 级管理办法》，推动新义乌人子女学校规范办学、提档升级。管理办法为不同基础的学校设定不同的目标，按照办学方向、办学条件、队伍建设等 6 个方面共 63 项指标进行考核，制定 A 级和 B 级两个认定标准，实施分级管理，激励学校发展。

通过 AB 级认定的新义乌人子女学校，按义乌市财政扶持民办教育实施办法予以奖励，根据等级制定阶梯化收费标准。连续两年未通过 B 级标准评估的学校，责令其停止招生。为了强化管理，义乌市教育监察大队明确划分网格，建立"教育监察大队、镇街中心校、成幼教干部"三级网格化监管模式。

义乌市欣欣小学是当地一座办学条件与公办学校差不多的新义乌人子女学校。"原来我们租用村办公楼办学，面积不到 5 亩，因为条件简陋并存在安全隐患，被教育监察大队要求停业整改。"校长徐志斌说。恰逢此时，AB 级管理办法出台，徐志斌痛定思痛，在教育部门和街道社区帮助下，新建了校园。

在首次分级认定中，欣欣小学被认定为 B 级，一次性获得了市财政 10 余万元的奖励。2019 年 2 月，义乌公布新义乌人子女学校最新分级认定结果，欣欣小学以最高分与另外几所新义乌人子女学校被认定为 A 级，获得财政 20 万元的奖励。

2015 年至今，义乌针对全部 22 所新义乌人子女学校开展了 3 轮 AB 级评估，评出 A 级学校 7 所，B 级学校 11 所，剩余 4 所还在整改提升中。

与此同时，义乌先后引进多个优质教育品牌，大力推进民办教育发展。出台"1+11"新政，对民办教育扩大补助力度、给予优惠，3 年共奖励财政资金 1.3 亿元，对单所学校的补助达 2000 万元；按企业和政府 2∶1 的投资强度给以补贴，以贴息借资定期还本等方式来扶持学校落地建设。

6.5 万名外来建设者子女中，有一半在公办学校就读。同样，公办学校也得到了规范管理的好处。义乌市于 2012 年全面实施了"阳光招生"，实行信息、程序、结果等"五公开"，将招生入学的每个环节都向社会公布，确保每个学位都明明白白，并拿出义务教育阶段公办学校平均每班三分之一的学位用于解决随迁子女就读，目前在义乌就读的外来建设者子女达 6.5 万人，充分保障了随迁子女公平公正入学。

在规范管理这支指挥棒的牵引下，公办学校与民办学校都突破了各自的办学障碍，驶上了专业化发展的"高速路"。

拓展师资来源，统筹做出"大蛋糕"

与学位一样紧缺的，还有公办教师编制。教师编制"只减不增"的制约，是义乌教育面临的重大挑战。目前义乌公办学校中小学生总数达 14.65 万人，而教师编制仅 7957 个。根据测算，教师编制缺口达 1014 个。

义乌教育该如何突破发展瓶颈？义乌的回答是：用好统筹这个利器，打出组合拳，做大教师编制的"蛋糕"。

去年 8 月，义乌龙回实验小学等 4 所采用"教师自聘、自负盈亏"模式运营的新学校投用，新增学位 5200 个，聘任年薪 12 万元以上的合同制教师

84 名，进一步减轻公办教师编制压力。同时为保障这些新学校的办学品质，义乌施行教师员额报备制，打通公民办学校之间"双向流通"渠道，从公办学校输出教育骨干，搭好学校"四梁八柱"，带动学校迅速成长。通过此举，共腾出 380 多个公办编制。

除了实施教师员额报备制、教师合同制等改革举措，义乌市还连续打出严格入编、购买服务等增量改革的组合拳，统筹稳妥增强教师队伍建设。

2016 年义乌市开始招录雇员制教师。义乌市编办每年定期定时对全市范围内中小学编制进行重新核编，超过已核编制总量的编制数，暂时以雇员指标补足；同时下发了《义乌市中小学幼儿园雇员管理暂行办法》，由财政局、人力社保局制定合理的薪酬体系，提升雇员教师队伍的稳定性。

目前全市共有 232 名雇员教师，3 年教龄以上的占比 51%，平均薪资 56385 元。2018 年，教育系统推出优秀雇员疗休养计划，由工会安排 34 名优秀雇员教师参加暑期疗休养活动。

2019 年 1 月，义乌进一步迈出改革步伐，建立以学员制为核心的新教师储备库，聘用后的新教师学员每年可以参加教育局组织的面试考核，考核优秀且胜任学校日常教学的新教师学员将予以正式聘用，5 年未能入编的，纳入雇员制教师管理。

除了上述改革，义乌市还实行教师编制跨校调剂、深化后勤购买服务改革等创新举措，多措并举拓展教师来源，保障教师资源均衡配置。

如今在义乌，随迁人员子女入学问题被纳入全市教育规划、财政保障和教育管理等统一的体系中，扎实落实异地中高考政策，在评先评优、升学深造等各方面与本市学生享受同等待遇。

作为全国解决流动人口子女入学问题实验市，义乌市较早建立"以县为主"管理体制，将每年财政支出的十分之一用于教育，平等、融合、开放地接纳外来建设者子女，交上了一份县级市办大都市教育的满意答卷。

（原载于《中国教育报》，2019 年 7 月 13 日，蒋亦丰、陈桦涧参与）

市级特岗：特岗计划的"近水"解了
教师缺口的"近渴"①

周一一大早，寒风吹走了连日雾霾。刘亚琼开上自己的车行驶 20 分钟，来到苏阳乡中心小学，开始新一周的教学工作。9 月初，作为刚刚被聘用的市级特岗教师，她被分配到元氏县城乡接合部的苏阳乡中心小学任教。

今年 8 月底，为破解农村师资短缺难题，河北省石家庄市在省内率先实施了市级特岗教师计划，招聘的首批 68 名教师如今均已赴元氏县农村基层中小学承担教学任务。

创新之举：省内率先招录市级特岗教师

"目前我市农村中小学教师结构性缺编。按照师生比，教师总数基本符合需求，但从全市来看，因尚存数量众多的山区农村规模偏小学校，如果按照班师比衡量，教师的缺口还很大。"石家庄教育局局长朗金国分析说。

在省级贫困县元氏县，这个矛盾尤其突出。国家特岗教师计划教师到不了该县，省内于 2016 年实施的"小学全科教师培养计划"还没有毕业生，且因培养周期长还存在不小变数，"远水解不了近渴"。据该县教育局副局长古志朋介绍，元氏县编制整体超编，但教师严重缺编，全县 4255 个教师编制，现仅有 3540 名在编教师，"每年退休教师 120 人左右，通过公开招聘只能解决部分问题，本县农村基层中小学师资不足状况日益突出，教育教学工作受到影响"。

---

① 原标题为"河北石家庄在省内率先实施地方特岗计划，破解农村师资短缺瓶颈——'庄里'来了市级特岗教师"。

据了解，石家庄其他市辖山区县如井陉等均存在这样的难题。

师资短缺的现实问题凸显，怎么办？

石家庄市开创性地实施了市级特岗教师计划。2016年，市政府印发的《石家庄市乡村教师支持计划（2016—2020）实施办法》明确提出：在平山、赞皇、灵寿、行唐四个国家级设岗县基础上，增加元氏、井陉等两个市级设岗县，招收聘用特岗教师补充到基层中小学教师队伍中。

今年，石家庄首先在元氏县实施了该项计划。在省、市、县三级联动，教育、编制、人社、财政等部门协调下，首批市级特岗教师招聘以"三统一"（国家和地方特岗教师招录笔试时间统一、试卷统一、阅卷统一）和"两结合"（国家特岗与地方特岗实施步骤相结合、地方特岗政策设计与设岗县实际情况相结合）的方式完成，实现"一确保"（第一年地方特岗教师计划实施工作平稳、有序、公开、公正地完成）。

目前，元氏县首批68名市级特岗教师已全部于今年9月上岗。

有用之策：选聘真正"留得住、下得去"的教师

"市级特岗教师招聘标准由教育部门说了算，能选聘到基层真正需要的教师。"元氏县教育局人事科科长许凯亮高兴地说。

以往，教师公开招聘由县人事局负责。"往往虽然选聘教师符合了聘用程序和条件，但因为教育局参与不多，出现了诸多问题。比如：聘用人员的教育教学能力较差、入职后不能坚守在边远艰苦学校等等。"

本次市级特岗教师招聘，石家庄市教育局和元氏县教育局明确规定：选聘教师要到地处山区农村边远学校任职，且服务三年期满、工作业绩考核合格后才能正式入编。"这相当于设定了三年'试用期'，不能完成正常教育教学任务的将会被淘汰。"

同时，该县一改过去招聘"先笔试，后面试"常规，将资格审查和面试提前到报名环节，"以前是先在网上报名，很多人到实际考试时就放弃了，这次让本人到县里报名连同资格审查、面试，就避免了这类问题，把真正想

应聘并具备相应能力和水平的人才筛选出来"。

"栽好梧桐树，引来金凤凰。"元氏县给首批市级特岗教师与当地入编教师相同的待遇，"国家特岗教师每年的工资总数为31600元，市级特岗教师会超过这个数，且全部给缴纳'五险一金'"。

不仅如此，很多先前有教育工作经验的聘用教师一经上岗，就给予了重用。

位于封龙山下的苏村中心小学是一所有316名学生的农村寄宿制小学。该校原有15名教师平均年龄46岁，不仅本身现有人手不够，还有8名教师面临退休或调离，这让老校长杨双平苦不堪言。今年9月，首批市级特岗教师选聘后，有7名特岗教师调至该校工作，才算是解了杨校长的"燃眉之急"。

如今7名特岗教师到岗后，学校教师平均年龄下降到34岁，原本没有开的音乐和美术课也有了专业教师。曾在东正小学代课6年的商凯婷和在某私立学校任教2年的侯培培，还被推上了学校中层领导岗位，分别任教务主任和政教主任。

长远之计：加大培训督导实现"教得好"

"首设市级特岗教师，目的是补充边远山区农村中小学师资。让他们'留得住、下得去'是基础，长远之计还是要让他们'教得好'，成为农村中小学教师的'生力军'，真正提高基层农村学校的教育教学质量。"石家庄市教育局师教处处长高建华说。

通过走访调研，石家庄市教育局发现，首批市级特岗新聘任教师中，有许多没有教育教学经验的应届毕业生，还有部分非师范专业毕业后取得教师资格证书的人员，"这些新聘教师，还需要'真金淬火'，渠道就是加强培训和督导"。

目前，石家庄市教育局已经着手相关工作，主要采取两条途径：一是职前培养和职后培训相结合，二是业务督导和以名师带动为主要内容的"青蓝工程"相结合。

根据计划，新入职市级特岗教师将在上岗初期接受不定期的专业能力培养，通过"请进来、走出去"，开展集中教研、业务交流，提高教师的教育教学能力。同时，市、县、校三级将加强对新聘特岗教师的动态业务督导，确定督导标准、量化考核指标，并发挥当地名师、骨干教师的引领作用，手把手教给新教师从教技能，面对面更新他们的教育理念，"通过'以青带蓝'，以期'青出于蓝而胜于蓝'"。

"作为乡村教师补充的创新机制，首批市级特岗教师招聘工作已经结束，但后续工作还有很多。今后，我们将试点县范围扩大，只要有需求、有条件的区县，都要借鉴本次招聘的成功经验，实施市级特岗教师计划。"朗金国表示。

据悉石家庄市已经将正定县纳入明年实施市级特岗教师计划范围。

◈ 推荐理由 ◈

教育需上下形成合力

特岗教师计划，对于实施地区已经成为一种重要的教师补充渠道和机制。特岗教师也成了基层学校受欢迎的对象。这个过程中，中央携手地方发挥了积极的主体责任。

石家庄在省内率先实施市级特岗计划，体现了地方政府尤其是市县级政府对于教师补充的高度重视，顶住了财政压力、克服了很多困难，发挥了积极的作用、承担起了巨大的责任，这对当地教育教师队伍建设，实在是一件幸事。

教育，有时需要上下形成合力。

（原载于《中国教育报》，2017 年 12 月 26 日，与周洪松、陆红纲合作）

山村教师：补足小微学校发展的"新鲜血液"

夏日长天落霞晚，河北涞水县三坡学区马各庄小学放学后几个孩子还在校园里嬉戏，叫声、笑声在青山环绕的校园中回荡。"我们是一所小幼一体的教学点，周边山村 20 多个孩子在这里上学。"站在整洁漂亮的两层教学楼前，校长张会玲说。

近三年来，涞水县将发展教育作为最大的民生工程、民心工程，在投入4 亿多元完成标准化校园硬件建设的基础上，下大力气补充师资、提高教师专业素养、激励教师扎根山区教育，全县农村小微学校的教育教学质量逐年提升。

补充师资，盘活山村学校

涞水地处京西南的太行山区，约 1650 平方公里的县域面积中，山地与丘陵占三分之二以上，15 个乡镇、10 个学区大多在山区和丘陵地带。学校分散，学生数量普遍不大，加之历史原因，2000—2010 年间未进新教师，农村校尤其偏远山区规模较小学校用人捉襟见肘，严重影响到微小学校的生存与发展。

"在加大投入完善农村学校硬件建设基础上，我们把师资队伍建设作为提高义务教育均衡发展的重要抓手。其中，补充师资是重要环节。"涞水县教育局局长王金龙说。

于是，涞水县教育局在已招聘 352 名教师后专门出台《2015—2017 年中小学师资补充规划》，计划通过三年时间逐步补充必要的师资力量。

根据规划，涞水以"特殊人才招聘""河北省农村义务教育阶段学校教师国家特设岗位计划"和"面向社会公开招聘幼儿园教师"三种形式补充师资。

"每年 220 名左右的定编，2015 年招录 200 人，2016 年招进 250 人。"

县教育局人事股股长苗云泽对此如数家珍。

但是，按照生师比，涞水已符合标准，而因山区小微学校多、学生少，如果按照班师比，涞水还是存在师资不够用的情况。为此，2016年涞水县以政府办公室名义印发《以人事代理方式招聘山区小学教师的实施方案》，规定：招聘教师按设岗计划由各学区安排工作岗位并与学校签订劳动合同，首签聘期3年，9年内只可在设岗学区调动或交流。其间，招聘教师的工资、社会保险、住房公积金等待遇与事业单位工作人员相同，所需资金由县财政承担，并明确，招聘教师在有编制时将通过公开招聘方式正式入编。

"这虽然是无奈之举，但也是创新之举。这些'新鲜血液'的融入，盘活了整个学区的教育教学。"从十庭学区刚刚交流到赵各庄学区任中心校校长的曹新章高兴地说。

政策激励，留住山村教师

"我们比城区教师每月多拿710元的'艰边补贴'，这里空气清新、山清水秀，工作很满足、很起劲儿。"位于太行深山区的涞水县最边远小学金水口小学青年校长刘晓飞一脸幸福。

根据"因地制宜、县域统筹、政策引导、城乡互动"原则，涞水出台城乡校长教师交流轮岗制度，重点推动县城教师到乡村校交流轮岗，中心校教师到村小学、教学点交流轮岗。

怎样让教师乐于到山村校任教，怎样使山村学校教师留得住？涞水制定了诸多激励政策。

其中，该县明确提出，在职称评定上，提高乡村中小学校中、高级职称岗位设置比例，在上级规定比例上限基础上再上浮1～2个百分点；对于办学规模较小的山村小学、教学点，在核定岗位数量基础上，上调1～2个中、高级岗位数量。凡在乡村校任教累计期满25年且仍在乡村校任教的，可不受岗位职数限制，直接聘任到与其现有专业资格对应的岗位。

不仅如此，涞水在县财政紧张的情况下，加大对乡村教师的奖励力度。

一方面对长期在山村学校任教的优秀教师给予高于省级奖励标准的奖励，各类评优评先向山村教师倾斜。另一方面，不断提高乡村教师生活待遇。按照"艰苦程度、分档管理"原则发放乡村教师生活补助（即"艰边补贴"），城区校教师不享受补助，平原学校、丘陵学校、山区学校教师依据艰苦程度分别享受平均每月150元到520元左右的补贴。像最偏远的金水口小学，每名教师每月的补助超过了700元。

"县里已经把边远艰苦地区乡村学校教师周转房建设提上议事日程，并把乡村学校教师住房纳入保障性住房建设规划。"刘晓飞说。

协作教研，提升山村教师专业素养

"教育均衡发展，短板在乡村，山区小微学校教育是短板中的短板。山区教师专业素养提升是解决问题的关键所在。"

涞水县教育局对此有清醒认识。

将乡村教师培训纳入教育法治建设范围和基本公共服务体系，培训经费纳入政府预算，严格按农村中小学年度公用经费预算总额的5%安排培训经费。

财政拨款为主，保证中小学教师队伍5年一周期360学时的全员免费业务培训。

大力提升乡村教师信息技术应用能力，积极利用远程教学、数字化课程等现代信息技术手段，实现中小学教师培训全覆盖。

按照乡村教师实际需要改进培训方式，采取顶岗置换、网络研修、送教下乡、专家指导、校本研修等形式，提高培训效果。

……

一项项有针对性、可操作性强的具体举措被列入县政府出台的《乡村教师支持计划实施方案》之中。

其中，学区内组建合作区开展协同教研、同课异构活动，成为涞水提升乡村教师专业素养的特色工作。

"郑老师的课程设计有思路，课上调动学生气氛有经验，教学逻辑严密，值得自己学习。但我在教学语言应用、教学环节转换上更具优势。"身在第四合作区，与荀各庄小学老教师郑占华进行《导体和绝缘体》同课异构后，三坡学区马各庄小学青年教师宋芳既对老教师很钦佩，自己也很自信。

像这样的协同教研，定期举行同课异构活动，在涞水县的 10 个学区内已成常态。

"教学相长，结对帮扶，互相学习借鉴，促使乡村学校教师专业素养得到了普遍提升。"赵各庄学区赵竞华校长说。

抓住关键、激发活力，涞水通过加强师资队伍建设有效提升了乡村中小学教育水平。

据地处边远深山区的三坡学区统计，该学区连续三年被县教育局授予"工作实绩先进单位""艺体工作先进单位""德育工作先进单位"等荣誉称号。

"虽然我们取得了一定成绩，但离群众的期望还有较大差距。进一步激活小微学校活力，办让人民满意的教育，我们尚在努力途中。"王金龙如是说。

◆◆ 推荐理由 ◆◆

政策导向　救活边远校

涞水，呈长条状，地势自西北向东南分山区、丘陵、平原三种地貌。正是这样的地理特征，促使该县对不同区域的农村小微学校的政策形成了区分度。倾斜农村、照顾小微学校……这样带有区分度的政策，让边远尤其是地处最远山区的三坡学区和赵各庄学区活力焕发、底气十足。三坡学区荀各庄小学校长张成利告诉记者："我们野三坡景色很美，而学校恰恰是这美景中最动人的一环。"

适度增加政策的陡度，才会真正产生想要的效果。这对城乡矛盾突出特别是地域特征差异较大的地区，有着很强的示范意义。

（原载于《中国教育报》，2017 年 7 月 11 日，与周洪松合作）

秦岭名师：锻造秦巴教师"聚宝盆"

低职高聘、评聘不占职数、师徒捆绑考核、名师领航云端……这是一组近年来安康教师口中的热频词。

安康，地处秦巴山区间的河谷盆地，汉江穿城而过。曾几何时，闭塞的地理环境，成了发展教育的绊脚石。然而，在奋进的安康教育人的精心打磨和淬炼下，这里正变成教师的福地、名师的"聚宝盆"。

搭建梯队，用"活"示范

"教师是提高教育质量、办好人民满意教育的关键。"安康市教育局副局长杜宗辉说，"近年来，我们始终把加强中小学教师队伍建设作为全市教育工作的重中之重。"

近年来，安康市构建涵盖省、市、县三级，包括教学名师、学科带头人、教学能手三类骨干在内的分级分类骨干教师体系，搭建教师专业成长的梯队，激发活力、用"活"示范。

在刚成立仅5年的安康高新区第一小学，新毕业的教师杨洋在短短5年中就成长为陕西省级教学能手。她坦言，"三级三类"的成长梯队让她有了前进的目标和方向。

而与高新区第一小学一墙之隔的汉滨中学高新校区，于去年建成投入使用。新教师李晴也借助于学校吴自文省级教学能手工作站，成功摘得汉滨区优质课展评一等奖。

"作为安康快速发展的区域，高新区把'三级三类'骨干教师体系作为重要抓手，实现了高新教育的快速发展。"安康高新区教育局局长助理周秋说。

梯队示范的作用给新建校注入了动力，也激活了传统强校的发展后劲。

在建校 80 多年的传统强校安康市第一小学，"三级三类"骨干教师体系与学校传统教学体系相映成趣，激发出新的火花。经验丰富的教师上"示范课"，骨干教师上"研究课"，年轻教师上"汇报课"，互相之间还会上"赛教课"，课后再进行集体评议，极大地促进了教学研究、教师成长，老树开出新花。

"长期缺氧，突然呼吸到了新鲜空气。"安康市第一小学教师程艳说，学校教研的沃土让她在 6 年中快速成长为省级教学能手。

截至目前，安康市共培养省、市级骨干教师 1701 人。其中，省级教学名师 7 人，省级教学名师工作室主持人 9 人，省级学科带头人 61 人，省级教学能手 487 人（不含职教、少先队）。

强化辐射，放"大"效应

"每月两次指导徒弟的课堂教学""每学期指导徒弟做校级汇报课一节"……在汉滨区培新小学，教导处副主任、省级学科带头人范莉分别与校内的三名教师、帮扶学校——石梯镇中心学校的两名教师签订了师徒结对协议书，商定了师徒间的权责。

"年终时，我们要按照协议书对师徒进行捆绑考核。"校长程怀泉介绍说，目的就是发挥骨干教师的引领作用，从而带动全员提升。

在范莉老师的精心指导下，帮扶学校——石梯镇中心学校的徒弟向茂娟获得了今年汉滨区学科赛教活动的一等奖。

目前，培新小学共有 64 名"三级三类"骨干教师，成立了 3 个省级学科带头人工作坊、2 个市级名师工作室、2 个市级学科带头人工作坊（按照陕西省规定，通过个人申报、学校县区推荐、省市级评审，成立以个人名字命名的工作室、坊、站），共带动 34 所学校的 77 名成员定期开展教研活动，精准帮扶农村教师发展。

培新小学只是安康市"骨干引领、全员提升"工作思路的一个缩影。安康市教育局人事科科长罗善文介绍说，全市以"十百千万培训工程"为抓手，统筹国省市县校五级和集中培训、远程培训、校本研修三类培训，面向全体教师，完善分岗、分类、分层的终身学习和发展体系。

以 10 所市直学校为例，安康市印发《市直教育单位 2018—2019 学年度交流轮岗和支教教师计划》，2018 年组团交流 10 次，选派省市教学能手 178 人到 9 个县区农村学校支教，组建中心城区优秀教师志愿团队赴县区学校开展巡回讲座、送教送培、教学研讨等活动。

据悉，近 3 年，安康的省市三类骨干教师主持课题研究 500 多项，带动 4000 多名教师参与课题研究，获得省市级优秀教科研成果 200 多项。自 2014 年全面启动校长、教师交流轮岗制度以来，共有 5016 名教师校长参与交流轮岗，其中一级以上骨干教师 1700 余名，占比 34%。

为了更大地发挥辐射带动作用，安康市还积极推进区域内网络研修。在石泉县，全县开展了高中及义务教育阶段全学科"教师领航课"活动，通过网络直播实现县域内同观摩、共研讨、全提升。

落实待遇，精"准"施策

"除了获得省级教学能手一次性奖励 1 万元以外，每个月多拿 580 元的高一级职称工资。"刚见面，石泉县云雾山镇中心小学校长张远珍就夸起了"低职高聘"的好处，"此外，我每月还能拿到 300 元的生活补助，240 元的乡镇补贴。"

张远珍嘴里所说的"低职高聘"指的是，2017 年石泉县政府出台人才奖励办法，对获得市级以上表彰的教师予以重奖，除一次性奖励 3000 元、5000 元、1 万元以外，有的还享受高一级职称的工资待遇。

石泉县教体局副局长夏玉琴介绍说，今年，全县共有 19 名骨干教师享受到了这一"超级"待遇。

不仅仅是石泉县，安康高新区还给"三级三类"骨干教师购房进行补贴：按照相应奖励获得不同比例的购房补贴。"我买房时，优惠了 13 万元。"高新六小校长储波兴奋地告诉记者。

针对 10 所市直学校，安康市出台《市直教育单位岗位设置及专业技术职务评聘激励办法》，明确规定评聘不占学校职数。今年安康一小就有不受指标限制的 4 个人直接评上了一级教师，否则这些骨干教师要排很多年才能评上。

在全市层面，安康为省市骨干教师设定工作津贴标准，为在编在岗教师增核奖励性绩效工资总量，每年安排 200 万元专项经费，表彰单位和教师；在职称晋升、评优树模等方面优先考虑骨干教师，并在职称晋升时免教育教学技能测试。

从 2018 年起，市级财政又设立专项教师培训经费 200 万元，用于中小学教师和校长园长培训培养工作，进一步促进教师专业成长和中小学教师队伍建设。

"到 2020 年，我市将初步构建起占全市教师 5% 的骨干教师队伍，建立涵盖省、市、县三级，包括教学名师、学科带头人、教学能手三类骨干教师在内的分级分类骨干教师体系。"杜宗辉介绍说，届时将初步形成遴选与培养、管理与使用一体化的骨干教师管理体制和运行机制，进而带动全市基础教育师资队伍整体素质的提高。

（原载于《中国教育报》，2018 年 12 月 25 日，冯丽参与）

师德师风："量体裁衣"式加强师德建设 [①]

近日，安徽阜阳市民的朋友圈被一波波温暖事件刷屏，事件的主人公均出自阜阳教育系统："公交站改作文"的颍上县六十里铺中学的王娟老师，勇救落水路人的界首市邴集中心校的张四齐老师……

温暖不止于此，一年间，阜阳市教育系统不断涌现榜样人物：身残志坚、扎根基层的"全国教书育人楷模"候选人张茂，37载默默书写教育人生的"安徽好人"武宏钧，特岗教师成长为"安徽省最美教师"的刘海娟等一大批师德模范人物。

这一系列典型的背后，是阜阳市教育系统加强师德师风建设的必然成果。近年来，阜阳市找准师德师风建设的着力点，破解难点、强化针对性，"量体裁衣"式加强师德建设。

以"爱"立德：坚持23年的宣誓

"我热爱，所有的学生，和学生平等相处……"又是一个周一，早晨8点，阜阳市特殊教育学校校长刘士俊带领全校教职工面对着学校内呵护主题雕塑进行集体宣誓。

这项宣誓，从阜阳特教学校1995年建立至今，已经坚持了23年。在学校创建之初，刘士俊就在思考："面对着一群身心缺陷的孩子，怎样才能更好地呵护这些'折翼天使'的成长？"

答案找到了：师爱。

铿锵有力的誓言不仅是对每一位教师精神上的洗礼，更是对全体教职工

---

① 原标题为"安徽阜阳：师德师风落了地入了心"。

责任意识、使命意识和人格品德修养的强化，从而激发出人间大爱——师爱。

刚入职一年多的年轻老师刘亚说，宣誓带给她的感受是事业的起点就是责任和热爱。来校工作已经 21 年的见玉娟则说，宣誓告诉她的是初心和耐心。

23 年来，阜阳市特教学校形成了以师爱为核心的师德建设长效机制做法。2016 年，该做法作为全省唯一入选单位，被教育部评选为全国 30 个师德建设优秀工作案例之一。

在界首，只要拨打教育系统人的手机，就会听到一段教师誓词，而在每周例会上全市教育工作者都会进行庄严宣誓。这些誓词，是教育局从全市公开征集而来，誓词内容既有学习借鉴，又有发展创新。

在全市层面上，阜阳市教育局组织了"重师德、树形象"万名教师宣誓活动，开展了"我的教书育人故事"师德征文、全员师德师风大考试，推动师爱内化于心、外化于行。

"立德的着力点是什么？"阜阳市教育局局长梁红群说，是唤醒和培育师爱。从 2016 年起，阜阳市将师德师风建设与党建工作深度融合，与教育队伍建设和教师关爱工程深入融合，与立德树人、社会主义核心价值观教育和校园文化建设一体化推进。"只有走心引导、关爱为先，才能吸引新教师爱上教师这个职业，才能破解老教师的职业倦怠，才能真正立起师德。"

以"学"强德：每个乡镇都有师德论坛

张梅用"脱胎换骨"一词来形容参加师道杏坛的意义。

师道杏坛，是阜阳市颍东区口孜镇中心学校举办的师德大讲堂。校长马文斌告诉记者："我们办的大讲堂，突出的是实用性：一是精心选题，题目必须是针对我们基层学校的话题；二是精心选人，根据主题选最合适、最有针对性的人上讲坛；三是精心准备，对演讲对象进行语言培训、内容指导。一般一期师道杏坛讲堂要筹备一个月以上。"

作为口孜镇下辖村小致和小学的班主任，张梅近年来在农村留守儿童养成教育方面有了很多心得体会。正好近期口孜镇中心学校准备举行一期班主任管理主题的师道杏坛，张梅被马校长看中，同时被看中的还有口孜镇其他学校的几位基层老师。"为了突出实用性，我们划掉了很多专家。"

经过4个老师组成的团队一个多月理论指导、语言培训等"包装"后，张梅已经发生了脱胎换骨式的变化：从单纯讲故事到理论与实践相结合，从语言不连贯到妙语连珠。

而在整个颍东区，几乎每个乡镇都有属于自己的乡土讲堂，例如"口孜师道杏坛道德讲堂""袁寨行知讲堂""杨楼明德讲堂"等，草根论坛更是数不胜数，他们瞄准的都是"身边的感动"。

在阜南县，新创建的阜南教育微信公众号，始终聚焦一线教师、发现身边感动：阜南县首批特岗教师、"安徽省最美教师"，在农村学校走教9年的美术老师刘海娟；充当103个留守儿童代管家长的苗集镇张古小学教师邵玲；短短几年中经历丧子、爱人瘫痪、自己伤病等厄运的坚强老师孟冬梅……

"榜样要从'神坛'上走下来。"在梁红群看来，只有让身边的教师来讲述自己的故事，才能让榜样真正走到教师心中。

以"规"约德：师德与绩效工资挂钩

在临泉县迎仙镇中心学校效能建设办公室，记者看到，本学期开学以来效能办牵头组织的三轮联合督查情况的所有检查表格、情况通报、处理意见等详细资料一目了然，包括教师在岗情况、违反师德师风案例处理意见等全部可查。

"我们实行的是师德师风问题零容忍。"效能办主任梁浩介绍说，师德师风是重点督查的内容。

与此同时，一场更深层次的改革正在临泉全县推进：开展评议活动，实行师德师风与绩效工资挂钩。临泉县教育局人事科科长张麦广介绍说，原先教师评先评优基本全都是优秀，没有区分度，此次全县开展的评议活动，采用学生参评（占20%）、家长评议（20%）、教师互评（30%）、学校评议

（30%）相结合的办法，并明确规定好优秀的最高比例。

"最重要的是，综合客观的评议结果与教师绩效工资挂钩，各校拿出绩效工资的 10% 用于奖励师德考核先进的个人。"张麦广说，只有实现绩效与工作挂钩才能真正起到绩效的作用。

放眼全市，阜阳市教育局制定了《中小学教职工师德考核工作指导意见》，将师德作为年度考核的核心，教师全员师德师风考试成绩与师德考核等次，记入师德档案。严格落实师德考核"一票否决"制，让考核不合格者在资格定期注册、职务（职称）评审、岗位聘用、评优奖励等方面"寸步难行"，警醒教师"红线"不能碰、"底线"不可越。

"阜阳近三年师德师风建设着眼的问题都不同。"梁红群说，2016 年整顿提升年以内部严整规范为主，2017 年巩固提升年以正面引导宣传为主，2018 年综合提升年以综合施策、制度化推进为主。"只有提高了解决问题的针对性，才能真正破解师德师风建设中的突出问题、难点问题，才能形成优化师德师风建设的长效机制。"

（原载于《中国教育报》，2018 年 6 月 26 日，俞路石参与）

专业发展：教师成长的"加速度"

"从 2016 年到现在，短短 3 年不到的时间，我们就培养出 10 名特级教师、2 名人民教育家培养对象和 2 名正高级教师，这种增速和数量已经超越了广陵建区以来的历史。"谈到高层次教育人才培养这一话题，江苏省扬州市广陵区教师发展中心办公室的刘洪主任相当高兴。

广陵教育高层次人才的迅猛增长，得益于该区教育局对教师培养工作的重视。为了做好这项工作，2015 年，广陵区成立教师发展中心并试运行。2016 年末，正式启动"教师专业发展"3 年行动计划。2017 年末，广陵区教师发展中心率先创成省级示范性教师发展中心。

强化设计，开辟教师研训特色路径

"一部手机、一个账号，24 小时可登录全区任何一所学校的无线网络，这样既减少了城乡之间奔波之苦，还大大提高了培训效率。"来自头桥中学的杜龙庆老师向记者表示。

为了将教师培训工作由 8 小时之内转向 8 小时之外，由传统方式转为线上线下，广陵区教师发展中心专门建立了教育城域网和广陵教育校园网，网速高达每秒 1000 兆；开发了视频应用平台，专门服务于全区 30 多间录播教室的日常运转；建立了数字图书馆、中心数字期刊阅览室、教育信息化公共服务平台、广陵名师工作室等专题网站。

"我们的教师培训资源十分丰富，以书香广陵网上图书馆为例，目前访问量已经突破了 240 万人次。"区教育局装备中心主任柳毅说。

这种教师培训方式的变革，只是广陵区教育局开辟的"931"教师研训全新路径的一个侧影。

据了解，"931"教师研训路径中的"9"是指"九年一贯"，即整体性提出"课程文化建设、教师专业发展、学生素养提升"9 年 3 个战略行动，目标都指向教师的全面成长；"3"是指"三全驱动"，即突出全时空覆盖、全主体参与和全课程推进；"1"是指"一师多选"，即培训内容开始转向"人的全面发展"，从学历培训、学力培训转向创造力培训，从学科培训、通识培训转向全人培训，为教师们提供多样化的课程，每一名教师都可以根据自己的需要进行选择。

区教育局副局长刘勇说："我们的教师培训已经开始关注'人的全面发展'，开辟出更多人文、艺术、思维等方面的课程，这种全新的教师培训路径，能在很大程度上整体提升教师的职业素养。"

夯实基础，保障各类教师同步发展

2017 年初，广陵区教育局围绕教师专业发展，以文件下发形式集中推出"5 项行动"，这在当地教师中产生了不小的震动。

这 5 项行动分别是校级干部课堂教学引领行动、骨干教师课堂风采展示、青年教师基本素养比赛、资深教师经验传授活动和名师训练营计划。

"这 5 项行动，全面覆盖了校级干部、骨干教师、青年教师、资深教师、优秀教师，人人有定位，人人有要求，有力地推进了教师全员成长。"刘勇表示。

以校级干部课堂教学引领行动为例，该方案规定区内所有学校一把手校长都要担任相应的学科教学任务，每学期听课不少于 25 节；副校长至少承担以本人学科背景为主的一个班的教学任务，每学期听课不少于 30 节。更为重要的是，校级干部的任课、听课工作实行"公示评议制、课时备案制和督导考核制"。

与校长的"公示评议制"不同的是，青年教师素养展示赛实行"末位界定制"。

该方案规定全区所有 35 周岁以下教师必须参加此类比赛，无论任教何种学科，比赛必有"板书晒一晒""美文秀一秀"和"故事侃一侃"3 个基本项目。更为关键的是，所有的比赛项目都实行"末位界定制"——硬性规定每个项目的比赛必须有 20% 的不达标率，这些考核不过关的教师将由区教师发展中心统一进行专项培训，直到再次考核达标。

瞄准关键，培育名优中坚教师团队

如果说做实全员培训是打好教师专业发展的基础，那么，培养中坚教师团队则是"办好公平而有质量的教育"的直接保障。

通常情况下，许多骨干教师在成长到一定高度后，难免会有"船到码头车到站"的思想，容易产生"停一停、歇一歇"的惰性心理。

为最大程度发挥教育高层次人才的领军作用，该区教育局也出台了一系列举措，如：市学科带头人称号以上名师都要参加"名师大讲堂""名师风采展"活动，每人每学期至少现场执教一节示范课，并结合执教内容开设专题讲座，整个过程都会在区内网络平台进行直播。同时，还会现场发放问卷进行满意度调查，集中公布结果。

为加强优秀教师团队的培养，该区教育局要求所有特级教师除了完成上述开设示范课和专题讲座任务外，还要承担"名师孵化器"任务，自主带徒3 至 5 名，以 3 年为周期，带徒对象均要 100% 实现骨干称号晋升。否则，特级教师的年度考核就会判定为不合格。

2009 年，扬州市小学数学名师工作室正式提出"智慧数学"主张，通过10 年的辛勤耕耘，"智慧数学"的影响力不断扩大，成为省内外小学数学教育的新兴流派。成立的"扬州市智慧数学研究会"，正式成为中国高等教育学会教育数学专业委员会团体理事单位。

"以特色课程项目为依托，不断加强教育教学研究，并逐步培养出更多更优秀的教师团队。"该区教育局局长陈士文介绍说，"将来，我们将继续发挥这些项目与机制方面的优势，全力推动教师专业发展到一个更高的高度！"

（原载于《中国教育报》，2018 年 9 月 25 日，谈雷、董军参与）

梯队培养：培植教师成长的"良田沃土"①

"空中课堂、线上德育、开学前的准备，每一处都承载着千万家庭的目光和期盼……"3月19日，山东济南市市中区纬二教育集团的老师们，迎来了抗疫期间的专属"教师空中课堂"，该校教师陈舒在这期特殊的"教师空中课堂"后的学习留言中说。当天，纬二教育集团理事长烟文英以"答卷"为题，在疫情防控的特殊时期，为集团五个校区的全体老师开设"空中课堂"，交流了"纬二教育集团人的责任和使命"。

"教师发展始终处于核心位置。"济南市市中区教体局党组书记、局长宫春告诉记者，"在教师队伍建设中，我们教育部门要做的，就是减少不必要的行政干扰，找到教师发展的内生动力，点燃教师主动发展成长的兴趣点，满足教师发展的梯次成长需求。"近年来，济南市市中区坚持为教师发展成长搭梯子、建平台、建团队，培植教师成长的"良田沃土"，引导教师追求品质教育，促进了整个教师队伍的健康发展。

搭梯子，引领教师不断"逼近专业"

"不开无意义的会，不做无意义的总结，不做无意义的课程，把行政干扰降到最低，让教师潜下心来教书育人。"济南市市中区教体局党组成员、副局长王鲁明在市中区多年从事教育教学管理工作，对全区上下多年来坚持的这一理念感触颇深。

在师资雄厚的济南市胜利大街小学，经验丰富的老教师也相对较多，如何进一步发挥老教师作用、促进青年教师成长是一个现实问题。校长王念强

---

① 原标题为"济南市市中区：建设教师成长的'良田沃土'"。

近年来一直致力于搭梯子、建梯队，通过层级评价，引领老中青教师不断"逼近专业"，梯次成长。

在胜利大街小学为教师成长提供的"良田沃土"中，有一块是在楼顶开辟的"百草园"。"你有没有勇气和杨老师一起去找领导申请，让咱俩也来负责这个'百草园'的种植和管理？"当青年教师杨珂问班上一名平时经常迟到、在学校总是不开心的学生王成（化名）时，王成有点心动了，不过还是有些犹豫。于是，杨珂鼓励王成珍惜令其心动的机会，陪着他申请参与种植管理。随后，王成每天7:25都会出人意料地早早到校，从一开始的育苗、种植到后期的浇水、拔草、捉虫，处处都有王成的身影、汗水和笑容，学习也有兴趣了，与同学相处得也越来越好。"当你给那个小火苗提供了足够多的氧气时，它就会越燃越烈，成为火炬。"杨珂说。

几年下来，杨珂和老师们充分利用"百草园"这一与学生日常生活联系紧密的载体，老中青结合，跨学科融合研发了一整套校本课程"从百草园到三味书屋"，带领学生观察认知、触摸体验、探究操作，引领学生生命成长，成果获评第五届全国教育改革创新教师典型案例。

"经过多年努力，我们逐渐形成了从新苗、新秀，到十佳教师，再到首席教师、风格教师，最后到功勋教师的梯队培养机制，让每个教师都能找到自己的最近发展区，都能无限'逼近专业'。"宫春说。

建平台，促进优秀教师风格锤炼

好老师需要好平台，济南市市中区不仅致力于建好梯队培养机制，还努力为"千里马"提供自由驰骋的空间。

从2014年起，市中区就开始努力践行"教育家办学"理念，为教师搭建学习与研究提升的平台，通过"十百千人才培养计划""教育家成长研究基地建设""名师名班主任定点跟岗培训"等一系列举措，引领教师"深度思考，逼近专业，设计未来"，帮助优秀专业教师不断打磨锤炼特色，形成从教风格。

"糟糕透了！又精彩极了！"市中区首批4名风格教师之一、济南市经五路小学副校长王煦，回忆起2006年她初出茅庐到武汉参加全国大赛，在讲台上突然遭遇断电的那一瞬间时，依然记忆犹新。"但也正是这一特殊的场景考验，更加清晰地展示出了我们在上《猫》这一课时，'用纯语文的方法让学生习得语言'的朴素理念，而不是借助漫天飞舞的图片和看似精彩的音乐表演来赢得比赛。"王煦的这节课被专家点评为"真正的语言学习"，荣获全国语文优质课一等奖第一名。

经过十余年坚持不懈地执着研究实践和学习提升，王煦"文意兼得"的本色语文已逐渐形成独特风格，她因此获评首届"风格教师"。如今，王煦分管整个经五教育集团的教研工作，建流程、建制度、建梯队，带领更多教师在逼近专业的同时，逐步形成自己的特色风格。

和王煦一样，在市中区这个良好的教育发展平台上，很多青年教师在入职后的短短几年内，就奠定了专业成长的良好基础，快速走上专业成长道路。近年来，市中区还组织地理、生物教师开展"大河之旅"黄河山东段野外实践培训，完成了"秦岭—太白山"研学实践培训，让音乐骨干教师走进中央音乐学院、美术教师走进中央美术学院，开展专业课程定制学习，引领整个教师群体逼近专业、形成风格。

重团队，用"酵母"效应提升群体品质

经过多年积淀，市中区培养积累了一大批特色突出、风格优良的优秀教师、名师、名班主任群体，形成了提升教师群体品质及教育品质的良好"酵母"。通过团队建设，发挥"酵母"效应，不断提升教师群体品质，成为市中区教师队伍建设的重要举措。

"跟窦成华老师读诗词。"每天早上，学生都会准时看到济南市舜耕小学教师、山东省优秀班主任窦成华老师作为"朗读者"讲解的诗词，每天一首，几乎从不间断。目前，窦成华老师已在公众号等平台发表了1000余期诗词讲解，学生参加第三届《中国诗词大会》，展示了良好的诗文素养。窦

成华还长期坚持古诗词课程研发，经常带领学生开展诗词研学活动。

　　看似温雅娴静的窦成华老师，其实忙得不轻，因为不仅诗词课程本身工作量巨大，她还主持着"历山华彩名班主任工作室"，聚集了整个舜耕教育集团一群在专业上迅速成长的青年教师。在窦成华的带动下，历山华彩名班主任工作室的青年教师迅速成长，16 位老师都在研发个人专属课程的同时快速成长，张丽媛老师的小专家课程成果初显，段博宇老师因财经素养课程做得好而被选为国家财经素养课程研究中心成员。

　　目前，济南市市中区类似历山华彩名师工作室这样的名班主任工作室就有 29 个，名师工作室 45 个，校级学研共同体 131 个。每年一届的班主任大赛、品质教育学术节、课程峰会等教师队伍建设品牌活动，更成了教师专业成长、团队建设和教育品质提升的拿手好戏。

　　　　　　　　　　（原载于《中国教育报》，2020 年 3 月 24 日，与魏海政合作）

特岗教师：入编时返县返乡调剂 ^①

"我市特岗教师，本县生源率 74.9%，本市生源率高达 94.3%。"一见面，河南省信阳市教育局局长苏锡凌就和记者说起了一连串的数字，从 2009 年实施首届特岗教师计划以来，河南信阳特岗教师留任率达到 91.6%，入编率 100%。

超高的本地生源率、留任率，代表的是信阳特岗教师队伍的稳定性。9 年来，如此高的比例是如何炼就的？

"是三个率先。"苏锡凌一语道破天机。9 年来，信阳市瞄准考试、分配、入编三个关口，在全国推出"三个率先"，实现特岗教师科学精准补充和有序动态管理，大大提高了特岗教师的留任率。

在考试关，信阳率先制定了本土递补和调剂办法。在特岗教师录取环节出现空额计划时，按本土同学科、高学段同学科和同学段相近学科三种模式递补；紧缺学科出现空额计划时，在征求考生意愿的基础上进行全市调剂，在生源地体音美和信息技术之间互相调剂。

"这件事情需要在全市层面进行统筹，让生源在县与县之间、学科与学科之间进行有序递补和调剂。"信阳市教育局师训科副科长黄文卫说，这大大提高了空额计划时的录取率和本土化，特别是及时补充了紧缺学科的教师，有效防止了特岗教师的流失。

放眼整个招考，信阳市则探索出适合本市实际、行之有效的"市级笔试＋县级面试＋校级聘用"的招聘新模式。市级笔试由招办组织，严格按照高考要求组织实施；面试环节严格审查报名资格，异地抽调评委，现场抽取

---

① 原标题为"录取本土递补 分配'县来县去' 入编科学统筹——河南信阳：特岗教师留任率超九成"。

面试试题，全程实行无死角监控。

9 年来，信阳市教师招聘工作真正打造出阳光工程，实现了零投诉、零事故。

在分配关，信阳率先推行"县来县去""乡来乡去"的分配方案，即坚持生源地考生优先的原则，将所有特设岗位摆出来，先按特岗教师户籍所在地学校和相对较近原则进行分配，再按从高分到低分模式自由选岗。

"我成绩排名第二，却优先让我选择，结果让我很满意，回到了自己的家乡孙铁铺镇教学。"光山县孙铁铺一小特岗教师蒋燕玲告诉记者，"我们这些教师能回到父母身边任教，吃住行的大问题解决了，工作很安心。"

据悉，针对每年岗位可能存在年度差异的现实，光山县和商城县又推出了更加深入的细化举措——置换调动，即如果当年特岗招聘有自己家乡的计划，前两年服务期未满的特岗教师，在入编前可以申请置换调动。目前，两县共为近百名特岗教师进行了置换调动，受到了特岗教师的热烈欢迎。

在入编关，信阳率先制定了返县返乡调剂办法：市级在全市层面进行统筹，进行县与县之间调剂；县级在全县层面进行统筹，进行乡与乡之间调剂。在特岗教师聘任期满后，家在异地县（乡）、夫妻双方两地分居、独生子女父母生病需要照顾等存在实际困难的特岗教师，可以提出办理调剂入编手续，原籍只要不超编制，均同意调动。

目前，信阳市已为 882 名返县返乡申请者办理了调剂手续。在市教育局师训科办公室，记者看到每一位申请者都有备案，包括申请表、证明材料以及年度汇总表等。

9 年来，信阳市建立了以特岗计划补充为主的长效补充机制，推行"退一补一"硬政策，探索建立县域内教师编制随生源流动机制，为 7 个县 1506 所农村学校招聘了 12172 名特岗教师，占实施"特岗计划"县农村教师总数的 45.1%，其中音体美和信息技术教师 2977 名，促进教师队伍实现了"脱胎换骨"的转变，成为农村教育的生力军。

（原载于《中国教育报》，2018 年 5 月 8 日，张利军参与）

幼师教育：这里的幼师为啥受欢迎 [①]

舞蹈、走秀、小品、歌曲、二胡……近日，一场以"似水流年　感恩遇见"为主题的周末大舞台文艺演出在亳州幼儿师范学校如期推出，全校600余名学生共同观看了节目。整台晚会精心呈现了14个节目，全部由该校2016级大专（2）班承办。

自2015年学校启动周末大舞台活动开始，已经连续举办了5年。这项活动每两周举办一次，由高年级每个班轮流承办。

"周末大舞台完全由学生自编自导自演，是对一个班级学生综合素质的考验。"该校党委书记、校长张伟亚介绍说，"我们就是想把活动还给学生、把舞台交给学生，使学生在活动中成长，在过程中历练，在舞台上绽放。"目前，该活动已成为锻造学生综合素养的重要抓手，成为展示学校教学成果的重要品牌平台。

"周末大舞台"只是学校近年来大力推动的三大文化节（体育文化节、艺术文化节、生活文化节）中生活文化节的一个部分。近年来，亳州幼儿师范学校坚持质量立校，以"品格素养、文化素养、艺术素养"培养为育人理念，以三个文化节活动为载体，以四项大赛（师生技能大赛、教师说课大赛、教师书画大赛、学生学科竞赛）为抓手，全面提升师生综合素质，走出一条地方中职学校特色发展的质量之路。

"学校的生源百分之九十以上都是来自乡村的孩子，几乎都没有接触过艺术课。"学校艺术部主任赵青华告诉记者，这样的孩子对美的感知力不强，体现在他们身上最显著的特点就是不够阳光和自信。

进入亳州幼师以后，这些农村孩子有了更多机会接触到各种各样丰富的

[①]　原标题为"亳州幼师坚持质量立校，提高学生综合素质——农村孩子亮翅飞翔"。

艺术课程，这些课程都是学校的必修课：钢琴、乐理视唱、声乐、舞蹈、美术、手工、书法……这些长达 3 到 5 年的专业课学习既要为学生打好艺术基础，又要通过艺术课的训练增强学生的自信心与表现力，还要把艺术课与学前教育专业知识相结合。

四年级（12）班学生王亚如从小到大没有接受过系统的艺术培养，进入亳州幼师后，自从进了学校名师郑翠的古筝社团便彻底喜欢上了古筝演奏。去年，勤奋刻苦的她获得了安徽省技能大赛弹拨乐赛项的一等奖第一名，并在全国各省市、中高职艺术院校的 62 支代表队 200 余名选手中脱颖而出，荣获全国大赛中职组三等奖。

"在专业选手云集的全国大赛中，王亚如这样一名非专业选手能获得如此成绩，实属不易。"赵青华介绍说，在亳州幼师学生从零基础到最后的琴棋书画样样精通，这是一个从量变到质变的过程，也是每一个学生破茧成蝶的特色发展之路。

"师资和平台是提升学生艺术素养的关键。"多年从事教育工作的张伟亚一语中的，因此学校坚持打造一支业务精湛的教师队伍，坚持为学生创设更多的演出平台。

为了提高师资队伍水平，学校坚持"请进来、走出去"的培养模式，与中央音乐学院、北京舞蹈学院等知名艺术高校进行对接，学校每年选派至少 2 名教师赴中央音乐学院和北京舞蹈学院进行专业培训，同时邀请全国各地著名音乐舞蹈专家来学校进行专业教师培训。近年来学校陆续邀请了中央音乐学院、北京舞蹈学院舞蹈艺术家、青年钢琴演奏家、中国花鼓灯艺术专家等知名艺术家来亳州幼师讲学。

从 2016 年至今，亳州幼师共举办过两届艺术文化节和三届体育文化节，参与演出人数达到 8000 多，艺术部的音乐、舞蹈、美术三大学科共同策划，通过不同主题的展现，激发了学生对传统文化的热爱，让学生们通过艺术展示找到了自信。

不单单是校内，学校组织师生走出校园参加了亳州市药博会、亳州市运动会、亳州市芍花会、亳州市文化旅游年、国际马拉松大赛（亳州站）、亳州市足球联赛等亳州市几乎所有的大型活动，给师生提供展示平台，提升综合素养。

如今，在亳州教育系统和文化系统各类文艺活动中都能看到亳州幼师学生的身影，在社会各界和新闻媒体中收获了高度好评，艺术特长已经成为亳州幼师学生的一张名片。

2015 年以来，该校学生荣获国家级、省级奖项 45 人次，教师荣获国家级、省级奖项 54 人次。其中，2016 年，周蓓蓓老师代表安徽省参加"创新杯"教师说课与信息化教学设计大赛全国决赛，荣获一等奖第一名，代表安徽省参加全国职业院校中职组信息化教学设计大赛获得国家级二等奖，这是亳州建市以来全市同类学校教师参加国赛获得的最好成绩。

2019 年教师节前后，学校荣获"全国教育系统先进集体"称号。

（原载于《中国教育报》，2019 年 12 月 30 日，俞路石、徐靖参与）

第三辑

善养：教师培养的可能路径

本辑导读

教师教育，可以说是教育的"工作母机"，其水平直接决定着整个教师队伍乃至教育事业的水平。优质的教师教育具备哪些要素？高质量的师范教育具备哪些特征？

第三辑从名师培养、全科教师培养等角度，呈现了各地在教师培养方面的成功经验，体现的是对教师培养底层逻辑的追根溯源和现实举措的深入思考。例如，江苏南通作为教育之乡，保持了长期系统培养名师的辉煌记录和宝贵经验；重庆市通过十年全科教师培养，支撑和回答了西部地区乡村教育的呼唤；河南通过省级系统培养和管理，打造了中原大省教师教育的"工作母机"。

这些案例表明，教师的培养、良师的获得并非自然天成，而是一个系统复杂的工程。不同地区的教育资源、文化背景和学生需求各不相同，因此教师的培养不能一刀切。教师的培养是一个长期的过程，不能寄希望于"拿来主义""市场至上"，教育管理者对此要有清醒的认识和定力，应给予教师培养足够的支持和耐心。

善养教师，需要顶层设计之科学，需要因地制宜之灵活，需要长期投入之坚持。

为什么是南通
——江苏省南通市名师培养启示录（上）

李吉林、李庾南都是南通的老师。对于一个地方，有一位这样基础教育界人尽皆知的"李老师"，已是幸事。然而，南通却同时产生了两位。

为什么？

南通，向全国输送了很多名师，例如华应龙、贲友林等，然而，南通并没有因为名师"出走"而变得暗淡，名师却如雨后春笋般，一茬一茬、源源不断地被培养出来。

为什么？

一边是南京，一边是上海，南通没有为两座城市的光芒所掩盖，而是绽放出"全国教育看江苏，江苏教育看南通"的强大光辉。

为什么？

一连串的问题，把中国教育报记者引到了这个教育界的高地——江苏南通。

源头活：选拔最优秀的学子成为教师

2017 年 6 月中高考完，对于南通各初三、高三的班主任来说，工作还没有结束，因为他们几乎要到访所有学生特别是优秀学生的家，动员他们填报师范院校，期待优秀学子成为教师、成为他们的同事。

在南通人看来，本地优秀的初高中毕业生能否填报师范学校，对南通教师队伍建设而言，是关键的一环。

说到名师培养的经验，南通市教育局局长郭毅浩把第一个原因归结为：源头活。

这个源头，指的正是优秀的本地生源。改革开放以来，南通的师范院校全部提前招生，提前锁定和吸引了一大批优秀学生成为教师。1984 年，各地实施三年制师范的时候，南通首创五年一贯制师范教育，"中等师范学校"培养"大专生"。本世纪前后，师范院校免费招生、定向分配政策取消后，2007 年南通在全国地级市中率先开展五年制师范定向生培养工作，按照"择优录取，协议定向；免收学费，跟踪培养；考核合格，落实就业"的原则，从应届初中毕业生中招收优质生源，开展校地合作，实施精细培养，蓄水优质师资。2015 年，随着国务院办公厅印发《乡村教师支持计划（2015—2020 年）》，南通正式实施高中起点的乡村教师定向培养工作，采取多种方式定向培养"一专多能"的乡村教师。

在班主任去家访前，今年大概招收多少名教师他们都已经心中有数：几个月前，教育局已经根据四到五年后当地教育师资数量、结构等变化，测算出招收老师的数量甚至学科。几年后哪个学校缺一名数学老师，班主任就会重点家访数学成绩好的学生，动员其报考数学教师。

精细化的测算和广泛的提前动员，为寻找优秀的定向师范生源提供了精准的路线图。

苏希璐，南通大学数学师范专业毕业，海安市大公镇中学数学教师。2013 年在她大学快毕业的时候，其他三名舍友都在奔波参加各种入编考试，而她在刚入学时就已和海安市教育局签订协议、获得预留编制，全身心地投入到实习中了。

与毕业的轻松相比，苏希璐的功夫都下在了平时。每个学年结束后，她都要来到海安教育局人事科，提交自己一年的成绩单、一年的个人总结、各种获奖证明。审核通过，海安教育局会按照年度把一年 6000 元的补贴打到她的卡上，用于她一年的学费和住宿费，而她只需要负担生活费，4 年下来她为家里节省了 2.4 万元，免费读了大学。

"每一个定向生，在校期间的所有表现，市教育局都登记造册、了如指掌。"江苏省特级教师、海安市教育局局长汪宁介绍，市教育局会定期组织相关人员入校检查、交流沟通、制订培养方案。毕业考核，教育局也会根据自身需求出考题。合格后方能毕业，并交由生源地安排就业，免试入编。

免收学费、预留编制，让师范学校的定向生培养成了香饽饽，中考报考分数甚至比重点高中还要高，高考录取分数线均超过本二分数线甚至本一线。"我身边能够成为定向生的，很多都是海安最好中学的最优秀学生。"苏希璐回忆说。

除了免费、严格，培养的质量才是关键。能否把职后培训前置，让定向生提前接触教师行业？在南通市教育局副调研员、人事与师资处原处长余宙看来，职前培养与职后培训能否一体化，对师范生定向培养是关键。

如何走好这关键的一步？南通使出两招，第一招是全科化培养。

南通师范高等专科学校副校长孙国春发现，单科型的小学、幼儿教师，不能满足乡村小学教师任教 3 门以上、幼儿教师包班的实际要求。为此，学校根据小学和幼儿教师的特点，在初中定向生中，设计了"一主多兼""保教全能"的人才规格，构建"文理艺渗透、知情合一"的课程体系，实现地方行政资源、高校学术资源与小学幼儿园实践资源的有效对接，为定向生在乡村"教得好"做专业准备。

南通的第二招是专门成立南通市教师发展学院，依托其强大的名师资源、培训平台，承担起职前培养与职后培训更深层次融合互动的职责，系统组织全市名师进大学兼职教授、兼职师范生导师。现如今，南通的中小学名师纷纷登上大学课堂，成了大学教授。

而一些地方教育局也会给定向生找一线教师做导师，实行校地双导师、双负责制，从四年级下半年开始入校实习，并配有名师专家进行指导。

数据显示，从 2007 年启动五年制师范定向生培养工作到今年为止，五届 962 名定向毕业生，签约率 100%，第一届学生五年服务期满所有人都在教师岗位，仅有两人离开南通和农村。2012 年师范生基本功大赛，所有培养院校都参加，迄今举行了五届，五年制定向生得了 51 个一等奖，获奖比例在省内遥遥领先。

"从 2007 年启动实施五年制定向师范生，正好 10 年。南通的做法带动了全省乃至全国 20 多个省份实施定向师范生做法。"回顾过去，孙国春感慨道，10 年的实践结果，令人满意。

"目前，南通 70% 至 80% 的教师是本土生源、本土培养，所以我们基层的老师非常稳定。"余宙说，精准测算、广泛动员、定向培养，创造了多年来南通基础教育的师资质量优势。

如今，在南通，哪家孩子学习好，班主任都清楚，都会登门拜访，劝说报考师范院校、师范专业；市县教育局则都清楚自己四五年后的老师在哪个师范学校培养，都会全程跟踪、全程介入。

在教师学历本科化的形势下，南通也正在为"源头活"注入"新内涵"，一方面从学制上进行调整，探索实施初中生为起点的"5+2"专本衔接的定向卓越教师培养项目，大力实施优秀高中毕业生定向报考师范专业；另一方面，在师范院校建设上进行改革，以南通师范高等专科学校为基础组建一所新的本科师范院校，积极创建国家级教师培养基地和国家教师教育创新实验区。

教研强：人人参与，一个都不能少

启东市寅阳镇，东临黄海，南靠长江，是南通乃至江苏最早见到日出的地方。在这个"神经末梢"，教研水平却与城里学校没什么差别，人人有课题、校校有名师。

2017 年 11 月，南通市"科研普惠工程"乡村行第一站活动在寅阳镇和合小学举行，市县名师专家、全镇各村教研骨干会聚一堂。

这次教研活动，让工作了 17 年的和合小学教师严晓蕾重新燃起了科研和职业发展的热情。而让她重新燃起热情的却是当地最常见的——牛。

教了 10 多年语文的严晓蕾，相继获了一些奖、写了一些论文，越来越多地触及到教学的核心问题。貌似到达了职业瓶颈期的她常常陷入随波逐流当中。然而从 2016 年加入启东市杨裕海语文名师工作室后，微课题就走进了她的视野。这就像处于僵持战中的战士，突然获得了一件好用、实用的利器。

面对偏远农村学校学生阅读量低的教学难题，严晓蕾一直在思索：能否以当地农村生活中常见的事物为切入点，引导孩子进行拓展阅读？这一想法，得到了杨裕海的鼓励和支持。

渐渐地，严晓蕾的课上多了与牛相关的故事，偏远地区的孩子喜欢上了阅读、喜欢上了语文。10 多年的教学功底，让"牛"文化主题阅读的微课题迅速成型、快速深入。

此次展示课，严晓蕾上的是六年级语文《牛郎织女》，以品读故事内容为依托，以探讨人物品质为中心，以拓展"牛"的文化意象为辅助，引领学生进行主题性拓展阅读。令她惊喜的是，她的微课题、"土"办法，获得了全市最顶尖的科研专家、名师的一致认可。

随后的展示中，寅阳镇其他 5 名基层教师同样以课例展示开始，专家从多个角度进行了评析，让微课题走向科研、课堂走向深入；市级专家还进行了课堂与课题的融合讲座，为教师们指引课题与课堂融合的实践之路；在随后的开题论证中，寅阳镇有 9 项南通市级及以上课题开题，其中 1 项是省级立项课题。

短短一天的普惠教研，普通教师、薄弱学校走到了科研的中心，微课题、"土"办法成了课题，名师却成为台下的观察者、陪伴者，真正让课堂走向课题、让课题扎根基层。

这场由南通市教育科学研究院主办的普惠教研还将走进南通市更多的偏远乡镇、普通学校，惠及更多农村教师，与所有学校、全体教师建立起直线联系，让每一位教师、每一所学校都享受到教科研的智慧服务。

"教研强。"郭毅浩说，这是南通名师培养的第二个法宝。在南通，教研是教育第一生产力。

20 多年前，南通即启动了"一十百"教科研工程，扎扎实实地培养 1000 名科研骨干，带动 10 万名南通教师，培养好 100 万名南通学生。全市中小学实现市级教科研课题全覆盖，申报省级课题立项率、结题率居全省第一。2014 年，南通教师 9 项成果荣获国家级教学成果奖，为全国地级市仅有。

覆盖全体、实用为本，成为南通教科研的特点。在实用为本理念的引领下，南通教师教研的各个关节逐一被打通：

针对乡村教师特点，推出微课题研究，微课题具有切口小、周期短、见效快、推广易的特点，特别受一线教师的欢迎。近年来，南通各县市区的教科室均有专人管理和指导微课题工作，共有1000多名教师主持过微课题，在课题研究过程中得到成长，并推出普惠教研120多次。

针对乡村教研面广的特点，构建起覆盖全市的首批19个、第二批23个乡村骨干教师培育站，市级站每站一年10万元，县级站每站一年7.5万元，培育站聘请省特级教师做主持人，每站每年至少集中研修20次。培育站的活动地点是流动的，分布在学员所在的各个乡村。

针对科研收费现象，全市教科研做到了课题评审不收费、优课评比不收费、业务培训不收费、报刊赠阅不收费、论文刊发不收费，教科研服务不再是知名教师、骨干教师独享的待遇。

针对新教师群体特点，制定新教师三年成长计划、入学第一课拜师、新教师培训手册、每人一份成长档案等制度，让每一名新教师成长都得到制度化关注。

针对教师发展平台，研制《南通市教育家型教师（校长）培养行动计划（2018—2022年)》，推出中青年名师工作室、优秀教师专业发展共同体建设，搭建"校长论坛""名家论坛"等众多平台，构建通派名师培养的立体体系。

针对教师待遇，对江苏人民教育家培养对象、省特级教师、市名校长、市学科带头人等在绩效工资之外专项奖励每人每年1.2万至3万元。在海安，每年安排教师培训项目80多项，培训经费每年700多万元。在如皋市长江镇，建立名师工作室和学科教学研究中心，设立特色学校研究奖励基金、课堂教学研究奖励基金等种类繁多的奖励，科研有努力的教师都会受到相应的奖励。

......

"覆盖全体又顶天立地"的科研，激活了教师内驱力，带来了教师队伍的均衡，带来了各县市、各学校的优质均衡。南通高考连续20余年位居全省前列，全省义务教育阶段三年级、八年级学生学业质量监测，各学科均位列全省第一。但在南通，没有一校独大、异校突起的现象。

名师多：寻找南通下一个人民教育家

在南通，有这样一群人，本可以退休在家颐养天年，但是他们为了共同的目标走到了一起。他们中有年逾古稀的老校长，有著名特级教师，有知名学者、专家，过去10年间，他们殚精竭虑、无私奉献，用智慧和汗水为南通新生代名师铺筑了一条成长之路。

这个团队，就是南通名师培养导师团，导师包括李吉林、李庾南、成尚荣、朱嘉耀、汪乾荣等30多位南通本土的顶尖名师。

导师团的目标只有一个：寻找南通的下一个人民教育家。

"名师多"，这是南通名师培养的第三个法宝。"但是，继李吉林、李庾南之后，鲜有类似教育家型教师出现。"曾多年分管教师工作的市教育局副局长、现任导师团团长的王笑君开诚布公地说，南通名师中很多人年纪轻轻就评上了"特级"，大小荣誉一身，然而他们的很多潜力远远没有发挥出来，"缺少教育家型教师的引领，教师群体发展高度受限"。

于是，一个高端引领的想法落地了：从2006年开始，南通市专门组建了中小学名师培养导师团，特邀儿童教育家李吉林、初中数学教学名家李庾南、师范教育专家朱嘉耀等23位顶尖名家为培养对象提供学术引领、专业服务。

成为导师团培养对象的，则是经五道程序从全市教师队伍中遴选出的一批具有发展潜质的中青年教师。第一梯队培养对象人数为23名，培养周期为5年。之后不久，第二梯队410人、第三梯队2000人的名师培养对象也诞生了，分别由市县校三级分级负责、分层培养。

谈起自己的变化，导师团第一梯队第二期培养对象姜树华用了"脱胎换骨"一词。

刚一入导师团，姜树华还不清楚什么是"教学主张"。而导师许友兰的一句"教学主张，是一个教师的脊梁"，让他刻骨铭心，并开始认真总结自己的教学主张。

当他拿出教学主张第一稿"追求语文教学的'素'与'实'"时，导师成尚荣说："你的表述较笼统，四海皆准，与你的教学风格不完全匹配。"导师许友兰则说："我观看了你近5年的公开课录像，发现你的教学主张就在你自己的课堂里，不要盯住别人的理念。"

由此，姜树华开始重新打量自己、审视自己的语文路，并提炼出教学主张的第二稿——"本真语文"。在一个春寒料峭的上午，导师们在为他专题组织的专业方向讨论会上，逐一评析，李吉林点评说："你的'本真语文'基于语文自身与儿童自身，把握很准。现在'本真语文''本真数学''本真音乐'的提法很多，需往深处看，我最赞同你课堂的价值追求——'得意'与'得言'这部分。"朱嘉耀紧随其后点评："如果我没有记错的话，'得意''得言'的提法，魏晋时期就有了。可以考虑在'得意'与'得言'的基础上进一步深入。"

醍醐灌顶、茅塞顿开。2010年3月，姜树华的教研成果——《"言意共生"：我的语文教学主张与追求》终于在导师们的反复论证中落定。出版专著、举办学术"个唱"，让"言意共生"语文教学主张走向理论，姜树华获得了江苏省2017年教学成果奖特等奖。

许卫兵，名师培养导师团第一梯队第一期培养对象，他用"里程碑"来总结自己入导师团这件事的专业意义："阵容太强大了，导师与培养对象比例接近2：1，两位名师带一个培养对象，真正实现了'私人定制'。"

经过5年的细心打磨、精确会诊，许卫兵从南通市级学科带头人成长为江苏省特级教师、江苏首批人民教育家培养对象，总结出"简约数学教学"的主张，随后又成立了以他名字命名的市县两级名师工作室，实现了"从一棵树到一片林"的发展。

吴江、常州、常熟、如皋……培养对象们的每一次暑期研修，这群平均年龄60岁以上的教育前辈都会设计又设计、推敲再推敲，甚至对学员的一餐一饭都做了精心安排。在学校、在课堂，都能看到导师们听课、评课，联合会诊、个别谈话，帮助培养对象确立教学主张、构建教学体系、凸显教学风格……

自 2006 年名师导师团启动，第一梯队先后培养四期对象，其中 22 人被评为江苏人民教育家培养对象，75 人被评为江苏省特级教师，22 人被评为正高级教师，10 人获江苏省名师称号，16 人获得江苏基础教育教学成果奖特、一等奖，9 人获得国家级教学成果奖，38 人出版了学术专著，33 个南通市中小学中青年名师工作室挂牌成立，王笑梅、许卫兵、祝禧等一大批负责任、高水平、有思想的新生代名师不断涌现……

一大批优秀成果取得后，南通名师培养是否触碰到了天花板？上升渠道还有吗？

有。

南通市教育局创新地提出了"研究所"的做法。目前，南通市已经成立了"李吉林情境教育研究所""李庚南数学教学研究所"，设立"二李"教学成果推广实验区（校）。郭毅浩介绍说："为一个名家成立专门的研究所，有编制有人员有经费保障，就是要推动新一代'李老师'的养成。"

郭毅浩说，南通的名师培养，永远没有终点。

（原载于《中国教育报》，2018 年 5 月 25 日，缪志聪、李大林参与）

向南通学什么
——江苏省南通市名师培养启示录（下）

大国呼唤良师。2017 年 11 月 20 日，十九届中央全面深化改革领导小组第一次会议关注教师队伍建设，审议通过《全面深化新时代教师队伍建设改革的意见》。随后，中共中央、国务院印发该意见。这意味着，我国教育的重心正在从注重硬件建设转移到更多关注内涵发展上。

为了办好师范教育，在 20 世纪末到 21 世纪初的 30 多年中，我国师范教育进行了许多重大改革，发生了许多重大变化，这些改革和发展既取得了显著成绩，也有一些值得反思的问题。

面对大国呼唤良师这个新时代的历史命题，南通给予了清晰有力的回答：100 多年来，南通培养名师，筑起了一座高原。今天，我们有幸能够"发现"和"攀登"一下这座高原，领略高原风采、掌握筑原本领。

为高原夯土：师范教育从未被边缘化

在去南通的路上，一位新闻同仁向记者讲了一个故事：他的爱人是南通人，2005 年高考时已被省内一所知名高校录取，但她却选择了复读，第二年考进了心仪的南京师范大学。

"为什么？""因为她想当一名老师，现在她已经如愿了。"

采访还没开始，记者已被当地尊师重教的气息感染。

到了南通市教育局，刚开始座谈，局长郭毅浩就介绍起了南通师范教育的历史："大家知道南通的张謇是个实业家，办了数十个企业，但他也是一名教育家，一生创办了 360 多所学校，建成覆盖各个学龄和各种门类的现代教育体系。甚至，他还提出了'父教育而母实业'的精辟观点。"

而在张謇创办的众多学校中，有很多都是当时中国的第一，例如中国第一所聋哑学校、第一所纺织学校、第一所戏剧学校，这也包括了中国第一所独立设置的师范学校——通州民立师范学校。1905 年，他又创办了南通女子师范学校。

　　而在这众多的学校中，张謇最为看重的还是师范教育，提出"师范为教育之母"，并亲自担任通州民立师范学校的首任总理（即校长）。通州民立师范学校与南洋公学师范院、京师大学堂师范馆一起被世人公认为中国师范教育肇始的三大源头。

　　在南通，不仅只有张謇一人办师范教育，还有创办于 1902 年的如皋师范，创办于 1906 年的海门师范，创办于 1921 年的如皋女子师范……经过 115 年，这些师范汇融起来，成为今天的南通师范高等专科学校。

　　"南通师范"（通州民立师范学校的简称，现名南通师范高等专科学校），已经被叫了 100 多年，一直叫到今天。100 多年间，师范从未被边缘化，一直坚持传承和创新师范教育办学特色。

　　社会重视教育、尊重教育、参与教育，蔚然成风，"宁毁家，不可废学"成为南通百姓的普遍价值认同，崇文重教的南通也被誉为"教育之乡"。

　　在南通，几乎全部市县的教育局局长都是教师出身；在南通，教育局局长名片上的职务，特级教师、省名师的头衔纷纷位列第一；在南通，最好找对象的就是女教师，一毕业工作就有很多人上门说亲。

　　郭毅浩也是从南通师范高等专科学校校长转任过来做市教育局局长的。也许在南通人看来，只有懂得师范教育、重视教师的人，才更有能力办好教育。

　　从南通师范成立到现在已经 100 多年，但南通重视师范教育的传统一直在延续和传承。

给高原筑基：本地化的优秀师源

　　现在很多人都在怀念中师，认为中师是过去相当长一段时间，中国教育尤其是乡村教育的基石。

从 1983 年到 1999 年，为了缓解农村小学师资不足的问题，实行从初中毕业生中招收学生就读中等师范学校、学生毕业后到城乡小学任教的招生政策。16 年的时间内，全国近 400 万学习成绩优异的初中毕业生成为中师生。

记者仔细分析后发现，中师具备了三个优秀的特征：优秀师源、全科化、本地化。

优秀师源：中师生录取的都是当时初中毕业生中成绩最好的学生，这些学生中的一些甚至可以成为科学家、音乐家、政治家、企业家，囿于当时的背景和现实，他们选择了中师。

全科化：中师生接受的师范教育全部是全科化的，能文能武、能说能唱，三笔字更不在话下，一名教师能胜任所有课程。

本地化：因为中师学校办学层次相对较低，基本都在当地县里、市里办学，学生也都是本乡本土，与乡土有着血缘上的联系，对农村有一种天然的感情和责任感。毕业后相对容易回到自己的家乡，自然能够做到扎根农村、回报家乡，流动性相对低、留任率较高。

但是，就要回到中师吗？著名教育家顾明远曾说："教师学历本科化及对其更高的学历要求是世界总体的趋势，问题不在于学历，而是在教师培养的过程中，有些操作缺失了。"

因此，现在需要重新捡起和吸收中师的成功经验，让中师在新时代背景下以更高学历、更高要求、更贴实际的面孔"复活"。

南通的师范教育恰恰具备了中师的上述三个特征，因此无论是取消中师、开办五年制大专，还是提升学历、教师本科化、探索"5+2"学制，南通师范教育万变不离其宗，其宗就是：录取到最好的学生、接受最全的师范教育、让他们回到愿意扎根的家乡。

为了保护好这个"宗"，南通师范教育又疏通了三条脉。第一条脉是"独善其身"的师范学校，南通本地的师范学校坚持办学 100 多年，并保持了县级师范教育学校网络，保持了接地气、全覆盖式的师范办学格局。第二条脉是广泛存在的教研机构。在南通市、在各县市甚至各乡镇，都成立了教科院、教师发展学院等类似机构，这些机构的研训员长期游走在各个基层学校，促进了基层教师的专业发展。在经济合作与发展组织国际学生评估项目测试中，上海曾两次获得第一名，在他们总结的经验里就有一条：中国有教研室制度。

还有第三条脉，就是南通教科研机构与高等院校、地方教育局之间的良性互动，大学与小学教师互进对方课堂，实现了职前培养与职后培训的交叉融合。

南通的一脉相承、活化石般的实践，为师范教育提供了绝佳的范本。

为高原输氧：永远在课堂，一生研究一个课题

很多名师评上了省特级教师甚至成为全国名师后，貌似已经达到了职业的巅峰，触碰到了事业的"天花板"。

那么对于身处高原的名师而言，氧气在哪里？如何才能在高原继续前行，进而找到职业的高峰？

南通的经验告诉我们，名师的氧气在课堂。

这方面的楷模就是李吉林和李庾南两位老师。几十年来，两位李老师都奋斗在教学一线，不担任行政职务，而且永远坚持在课堂。

从 1957 年 8 月 28 日走上讲台开始，李庾南从教已经 60 多年。她长期执教初中数学，同时一年不落地担任班主任。"我一直坚信，不只是专家教授，每一个教师都可以凭努力留下自己的印迹。"她一直这样说，"能够将职业做成一辈子的事业，并享受事业追求中的艺术感受，是我今生最大的幸福。"

同样，另一位李老师也是这样做的。当初，成尚荣从南通师范学校第二附属小学校长调任江苏省教科所所长时，就对李吉林说："李老师，我推荐你任校长吧。"没想到李吉林一口回绝："我不想做校长，还是好好做我的小学老师吧。"

李吉林的课题研究也是一以贯之，从情境教学到情境教育再到情境课程，经历了四五十年，课题也从"八五"课题开始一直做到"十一五"课题。

一直在课堂，一直研究一个课题，李吉林坚持了 60 多年。在二李的带动下，这样的老师在南通不断涌现。南通教育科研的许多课题，坚持 10 年、20 年，产生了一系列丰硕成果，成就了一批好老师，造就了一批好学校。

从高原起飞：一群人的成长与奋斗

长途飞行或者飞越高山，不是一只大雁孤独飞行，从来都是一群大雁成队出行。名师成长之路，同样如此。

在南通，每个教师参加工作之后，从来不是一个人在苦苦摸索，会被纳入到很多个群体和组织当中，很多人带着他一起成长，而教师教学教研的点滴努力都会得到别人的喝彩和学校的鼓励。

普惠教研、乡村骨干教师培育站、《新教师成长手册》、中青年名师工作室、名师成长共同体，把所有教师纳入教研成长的队伍中，哪怕是在最偏远的农村，哪怕是最默默无闻的教师。

名师导师团的生动实践，更是有力说明了这一点。5 年中，导师们根据学段、学科组成若干导师组，与培养对象结对，深入课堂，听课、评课，帮助学员确立教学主张、构建教学体系、凸显教学风格；5 年中，他们为培养对象推荐阅读书目，开设专题讲座，指导课题研究，进行个别或集体访谈，为培养对象提供研究资源，协助他们总结研究成果，完成专著，联系出版事宜；5 年中，带领培养对象到基层学校送教支教，搭建一个又一个展示平台，促进教育均衡发展……

南通师范高等专科学校原校长、导师团首任团长朱嘉耀曾指出，名师培养第一梯队成立伊始就致力于建成一个同声相应、同气相求，彼此相近、密切合作的共同体。"为此，我们在这个梯队实行了'四同'：确立共同的目标，落实共同的任务，开展共同参与的活动，进行共同性的总结评估。"

第一梯队名师培养工作的推进带动了各县区市和各单位的名师培养：崇川区、港闸区成立了区名师培养导师团，遴选培养对象，有组织、有计划地开展培训工作；海门市以教师研修中心为依托，加大了包括名师培养在内的教师培训力度，在各县区中首建一批名师工作室；如东则以"创新团队"建设为龙头，培养名师，推进教育研究；通州区则持续推进名师沙龙活动，促进教育科研遍地开花。

成尚荣在深入分析南通名师培养的路径之后说：南通的名师之路是一个召唤性结构，破解了名师发展中的一些重要问题，南通样本具有标本意义。它将继续把对名师发展的追问、对理想的追问写在蓝天上，回响在教育田野上空。它对追问的应答，又将完善已有的召唤性结构，形成新的召唤性结构，召唤我们去实现"复兴始于教师"的伟大判断，召唤地方样本走向全国。

记者坚信，只要掌握了筑建高原的方法，在您的教育热土上，同样可以建起一座高原，同样会有一群群的大雁飞过。

（原载于《中国教育报》，2018年5月26日，缪志聪、李大林参与）

回答乡村的呼唤

——重庆市小学全科教师培养启示录（上）

去农村当老师？

当唐大鹏第一次看到小学全科教师定向生这个提前批志愿时，他的心里有些犹豫。

2013 年 6 月，重庆市石柱中学高三考生唐大鹏经过认真思考，还是决定填报这个。当时的他心里已有小算盘：先锁定个编制，等 6 年服务期满，再调回城里。

从长江师范学院毕业后，唐大鹏定向到石柱县中益乡小学任教。6 年期满，他没有回到城里，而是被调到旁边的黄水镇小学校任副校长。

当问他还想走吗，他的回答很干脆："这里是我的家，我已爱上了这里。"

与唐大鹏一样，过去 11 年，重庆共有 13000 多名优秀学子选择成为农村小学全科教师。

11 年间，重庆究竟发生了什么？改变了什么？

提前"锁定"优秀师源

唐大鹏是幸运的。2013 年之后的 10 年里，小学全科教师定向生录取分数线一路攀高。近几年，录取考生的最高分已超过重点本科线 100 多分。

从 2013 年超过二本线即可，到如今成为"香饽饽"，好政策起了关键作用。

2013 年，重庆市发布文件，全域启动农村小学全科教师培养工作，首批定向 25 个县区，共有 633 个招生计划。

政策规定，市财政按照年生均 1.14 万元标准补助到培养院校。在校期间，全科生将享受免除学费、免住宿费及补助生活费的"两免一补"优惠待遇，并采取市属高师院校 3 年、教师进修学院 1 年的"3+1"衔接本科培养模式。毕业后，要在与其签订培养使用协议区县的农村乡镇及以下小学至少从教 6 年。

有编、免费、周期合适，好政策的背后，是政府在用心回答乡村教育的呼唤，培养一支"下得去、留得住、干得好"的乡村教师队伍。

好政策有了，但酒香也怕巷子深。重庆山地丘陵面积占比高达 98%，面对散布全域的众多乡镇农村，如何传递好政策信息成了关键环节。

在开州区，每年 6 月填报高考志愿的关键期，高三班主任、年级主任甚至校长都会"点对点"与优秀学生交流，他们拿着一张当年全市全科教师定向生计划指标表，重点介绍全科教师定向生政策。

在涪陵区，每年 6 月，来自区教委科室的党员志愿者们都会聚在一起，通过云端直播、网络查询、群内咨询等方式，为广大考生提供志愿填报指导服务。他们还会来到部分品学兼优的考生家中，甄选那些愿意做教师的人，推荐填报全科教师定向生。

在合川区，一项更为科学精准的筛选正在铺开。重庆市合川区学生资助管理中心对全区家庭经济困难且成绩优异的高三受助学生免费开展多维认知测评，利用专业系统和工具，精准分析学生学习能力和专业兴趣发展的特点与倾向，帮助其选好大学专业。其中，适合做教师的学生也被精准识别。区教委人事科根据测试结果筛选出适合从事教师这一职业的学生，鼓励考生报考全科教师定向生。

开州中学毕业的袁煦高中时成绩在班里名列前茅，高考成绩超过了重点本科线，因为班主任以及学科教师的推荐，她选择了全科教师定向生。4 年后，她以大学专业成绩第三名、综合成绩第一名的成绩定向到了涪陵区清溪镇中心小学工作。

从年初政府发布招生计划通知到区县测评摸底，从班主任、学校考前宣传和推荐到高校专场宣传咨询，从 6 月填报指导到 8 月签订用工协议，一张全科教师优秀师源的筛选大网已在巴渝大地实现全覆盖。

一批批优秀的学子被甄选出来，走上成为一名小学全科教师的求学之路。

全都围着全科生转

在采访培养全科教师的几所重庆高校时，记者发现了几件新鲜事。

第一件是，重庆师范大学的全科生是有固定教室的。

在重庆师范大学初等教育学院教学大楼，记者看到一间间教室都挂着小学全科教育专业某某班的班牌，推门进去一看，就像是走进了小学的教室：讲台、班级公约、黑板报、桌子上摆满的课本、练字小黑板……

看到记者这么"好奇"，一旁的小学教育全科系主任路晨笑着说起更新奇的事情：每到 19:00，这些教室便坐满了学生，开始每天的"能力一刻"——三字一话、演讲、讲故事、收看新闻……教室里一片忙碌景象。

其实，原来的中师生上学时都是有固定教室的，而且要上早自习和晚自习。在这一间间教室里，大一、大二的全科生学会了如何开好班会、学好三字一话、构建班级文化、设计课堂教学……用路晨的话来说，就是要"零距离地懂班级"。

第二件是，在长江师范学院，每名全科生每年都要寻找一名感动自己的乡村好老师，并把故事讲给学生听、讲给全校听。

讲乡村教师好故事，只是长江师范学院为了培养全科生爱上乡村教育的活动——"读、进、讲"活动（读乡村教育名著、进中国师范教育博物馆、讲乡村教师好故事）之一。此外，长江师范学院还专门组建西南乡村教育创新发展研究中心，将研究成果渗透到教学中，并针对乡村教育特点在教学中加入留守儿童、单亲家庭、心理健康等特色教学模块，引导学生学做临时家长。

长江师范学院全科生培养中的一个鲜明追求就是培养有乡村特质的师范生。

第三件是，在重庆第二师范学院，区县教委可以全程"干预"教学。

去年 4 月，重庆第二师范学院 2022 级云阳班全科生选择大二特色选修课程时，原本选课人数情况为音乐模块 1 人、舞蹈模块 23 人、体育模块 26 人。在云阳县教委入校"面对面"座谈提供了云阳缺少音乐类专长教师的实际情况后，学院引导学生主动调整选课模块，最终情况为音乐模块 21 人、舞蹈模块 14 人、体育模块 15 人。

不单单是选课，云阳县教委把"云阳订单班"视为自己的"掌中宝"，借助成为十大国家基础教育教师队伍建设改革试点之一的契机，与重庆第二师范学院开展了全科生培养的系统合作：先后达成了校地战略合作协议、全科教师培养方案、基地遴选与管理办法等制度机制；先后进行了"岗位互换""双向互聘""协同教研"等积极探索；聘请云阳县教委主任李保宣为云阳订单班首席导师……

听完这三件事，记者突然发现了重庆高校培养全科教师的三个潜在要求：懂学校、懂乡村、懂地方。

为了这"三懂"，高校与政府、学校真正坐到了一起，讨论如何为地方培养自己的好老师。他们吸收曾经辉煌一时的中师教育特色，又着眼新时代新要求，打造重庆全科教师培养模式。

传承中师特色——

承担重庆全市全科生培养的分别是 5 所市属师范院校：重庆师范大学、重庆三峡学院、重庆文理学院、长江师范学院、重庆第二师范学院。这 5 所高校全部有中师办学历史，中师的办学特色被传承了下来。

如，5 所高校开展全科生教学时均破除了以前过度分科的做法，全部采取大文大理类教学，教得好"主科"、站得住"副科"；全部把三字一话放在必修技能里，强化教师基本功；全部建立贯穿 4 年的实践教学，在县区高标准、严要求建设实践基地校，第一年"见习"、第二年"助教"、第三年"试做"、第四年"顶岗"……

创新培养模式——

不单单是云阳和重庆第二师范学院的国家试点合作，重庆市早在 2013 年就启动了"教师教育创新实验区"发展计划，先后创建了重庆第二师范学院—綦江等 4 个教师教育创新实验区，构建起校地合作、开放灵活的教师教育体制，建立了"UGIS"（大学、地方政府、教研机构、中小学）联合培养方式，引领带动重庆市教师教育的改革与发展。

在实验区的助力下，各种教师教育的创新被激发：重庆第二师范学院研制了首个小学全科教师人才培养"GSP"（通识能力、学科能力、专业能力）能力标准，探索"四年一贯递进式"校外实践教学，推进系统性、革新性人才培养模式改革；重庆师范大学推动"UGIS"联盟单位由最初的7个发展到26个，被教育部评定为全国20所"卓越小学教师培养改革项目试点院校"之一，建立起了一整套小学全科教师教育的一流课程体系和系列教材。

长江师范学院大三全科生熊胭梓在大一见习时为了让学校孩子们能写好字，起初安排他们练习字帖，效果不佳。回到长江师范学院，小学教育理论课老师说的"要增加课程趣味性"的话让她在大二实习时做了改变：她让学生在纸扇子上写书法，孩子们热情高涨。大三她上乡村教育特色课程时，老师说的"要挖掘乡村资源引入教学"的话又让她在大三实习时做了改变：她根据涪陵区竹子多的特点，引导孩子们在竹子上写书法，孩子们彻底喜欢上了书法。这所小学也发现了乡村校特色发展的突破口。

熊胭梓说，是母校长师教她爱上了乡村教育。

全科生成了村小的"宝"

车子从开州区大进镇出发，小心翼翼地拐了约20个"肘拐子弯"后，到达了关坪村小学。这里是重庆的边界，再往前走就是四川了。

虽然气温降了不少，但校长吴大元一见面就热情地拉着记者去参观校园，了解学校的中医药特色文化。教学楼前墙根下的一盆盆中药材一字排开、生机盎然，教学楼后的秦巴农场里几十种中草药正在苗壮成长，而中医文化室里更是精彩纷呈：精美的中草药植物标本，丰富多彩的学生中草药画、中医药知识手抄报……

相比于现在的自豪，去年暑期的吴大元正在为"可能开不足课程"而着急上火。

"调走了5个、退休了2个"，一下子少了7个教师，占了学校教师的一半还多，下学期的课程怎么上？吴大元的烦恼，其实早在开州区教委人事科科长王进的掌握之中。原来，即将有一批开州早就精心培养的优秀全科生毕业，教委一直给吴大元留着这些"宝"，8月一下子给这所最偏远的教学点安排了5名全科教师。

能文能武、能唱能跳，需要上什么学科就能上什么学科，有点不敢相信的吴大元说，学校主要课程不仅开齐开足、没有受到影响，而且特色课程、德育工作全部提档升级。这所最偏远的教学点，响起了歌声、笑声。

"腰杆挺直"的吴大元，也大胆尝试实现心中藏了很多年的中医药特色文化梦，新来的全科教师"一马当先"：周浩负责中医药文化与劳育结合，余露露负责中医药文化进校园校本课程，周磊磊负责中医药文化进校园知识讲座……最终，学校成功申请成为开州区中医药文化进校园示范校。

吴大元说，全科教师激活了这个村小。

把全科生当成"宝"的，不只有吴大元。

择优安置——在开州，从2017年第一届全科生毕业生起，教委就按照毕业成绩和面试成绩加权排名，择优安置。目前，江津、涪陵等其他区县全部施行了这一安置与在校表现相挂钩的激励机制。

精准培养——在合川，教委安排新毕业全科生"一对一"拜名师、名校长为师，跟岗学习，带着全区最先进的理念来到最偏远的乡村。在江津，教委安排全科生来到地处江津的中等师范教育历史陈列馆参观学习。江津的学校利用全科教师普遍住校的特点，成立槐花工作室、全科教师夜校等小范围学习教研机制，抱团成长。

进阶成长——在巫山，教委实施"35710"全科教师进阶培育计划，即3年新手成长、5年优秀成才、7年拔尖成名、10年卓越成家，每年表彰10至15名"教坛全科新秀"、认定10名"乡村全科骨干"、评选县级全科教师"三名"工作室主持人。

职称单列——重庆市2017年发文要求，在市、区县开展中小学教师职称评审时，单独设立全科教师学科评审，全科教师所教课程均被认可参考，开全国先河。

在政策持续加码下，从 2017 年首批全科生毕业至今的短短 7 年时间，重庆乡村教育的生态正在悄然发生变化。

短短 7 年，区县亲眼"见识"了全科教师的优秀，包括开州区在内的很多区县已经把全科教师作为小学农村教师招聘的主渠道，把小学教师招聘计划全给了全科教师培养。

短短 7 年，在全市、县区各类赛课、征文、演讲比赛中，全科教师迅速"冒"出来，把涉及教师的奖项拿了个遍，如重庆市赛课一等奖、重庆市课改征文大赛一等奖、重庆市班主任基本功大赛主题班会一等奖、重庆市新时代好辅导员乃至全国演讲比赛二等奖、全国优秀教研案例三等奖……

短短 7 年，刚有资格评选中级职称的全科教师纷纷评上了一级教师，目前全市已有 288 名全科教师评上了一级教师，享受到了全科教师职称评审单列的福利。目前，已就业全科教师占到全市小学农村教师的 20%，重庆小学乡村教师正在实现一次迭代升级。

从权宜之计到真心扎根乡村，唐大鹏毕业工作后的 7 年，遇到了 3 个没想到，促使他发生了变化——

第一个没想到，2017 年毕业来到石柱县中益乡小学教语文，2018 年拿了全县数学赛课二等奖，2020 年又拿了全县科学赛课一等奖，原来自己这么多学科都能胜任。

第二个没想到，来到乡村学校，不仅是当教师，还要陪单亲家庭孩子在操场散步聊天、替学生父母到县城给学生买衣服……还没结婚的他已做起了临时家长。

第三个没想到，2019 年 4 月，习近平总书记走进中益乡小学。习近平总书记嘱咐学校和老师既要当好老师，又要当好临时家长，把学生教好、管好。

唐大鹏说，小学全科教师培养恰逢其时。

（原载于《中国教育报》，2024 年 7 月 10 日，杨国良参与）

寻找突围的力量

——重庆市小学全科教师培养启示录（下）

在重庆，长江蜿蜒 600 多公里，这里山地丘陵面积占比高达 98%，有着集大城市、大农村、大山区、大库区于一身的显著特征。

在这里，乡村就是最大的现实；在这里，乡村教育具有鲜明的样本意义。

在快速城镇化的今天，乡村对于我们的意义是什么？乡村教育、乡村教师的独特价值取向又是什么？

在巴山渝水间，记者探寻到了答案。

懂学生：小学教师培养应面向全人发展

2013 年重庆启动全科教师培养前，时任重庆第二师范学院教师教育学院院长的江净帆做了一项国内外小学乡村教育的调研，她发现，发达国家在完成城镇化后，稳定下来的乡村教育呈现出一些显著特征：小班化、包班教学、全人启蒙教育。

毕业至今近 30 年一直从事小学教师培养，江净帆发现小学生特别是低年级学生还未形成成熟的学科思维水平，正处于快速形成发展阶段，只有接受全面完整的学科教学，才能释放出可持续、创新性发展的可能性；过度提前学科教学，过度追求分数和应试，将会扼杀学生的天性。

站在更宏观的层面，过去大学培养小学教师存在过度分科，难以适应大量村小和教学点"微型化""小班化"发展所面临的配齐各科专任教师难的实际情况。

重庆培养小学全科教师的第一个鲜明特征就是"全"。

重庆师范大学要求，全科生达到"五能五会""十项全能"，即能说会道、能唱会跳、能写会画、能教会导、能思会研，以及听、说、读、写、算、弹、唱、跳、画、教。

重庆第二师范学院研制的首个小学全科教师人才培养"GSP"能力标准，即通识能力（G）、学科能力（S）、专业能力（P），打通第一、二、三课堂，建设了儿童舞蹈、儿童玩具开发、儿童数理逻辑思维发展、儿童心理健康、书法、民乐、轮滑、数字化教育资源等 28 个特色工作室。

接收全科定向生的校长普遍感受是，全科教师教什么都行，十八般武艺样样都会。

但重庆并不单纯地一味追求"全"，而是有区分、有弹性的"全"。

承担全科生培养的 5 所市属师范院校虽然都以大文大理为方向，构建了主教兼教的培养模式，却有所区分，有的是"2+N"模式，即语文、数学加一门特色学科；有的是"1+2+N"模式，即语文（或数学）加一门主科加一门特色学科；有的是"多主多辅"模式，即多门主科加多门特色学科。

不难发现，教学模式的区别主要源于不同区县不同的教育特点和城乡发展的不同阶段，努力在过度分科和过度全面之间选择一个动态平衡。

这种为了解决乡村教育特殊问题而不得已出台的对策，恰恰与当前提倡的"五育"并举不谋而合。

懂地方：职前职后贯通精准培养

2013 年 11 月，重庆师范大学小学教育全科系主任路晨第一次被邀请参加"UGIS"（高校、政府、教研研修机构、中小学）校地联盟会议，共同探讨全科生如何培养。

这次她嗅到了不一样的味道。

以前，大学不知道区县需求，得摸着石头过河；现在，区县就像"长"在大学里。以前，学生实习都是四处"瞎"联系；现在，区县建立了师范生实习基地，食宿、交通、导师都安排得明明白白，甚至有些区县还给补助。

为了培养好自己的教师，区县走进了大学；为了学生"适销对路"，大学也来到了区县。大学纷纷与区县共建教师教育试验区，双方互派干部挂职，大学、小学教师互进课堂，大学、教委、学校联合申报课题。

重庆培养小学全科教师的第二个鲜明特征就是"精"。

精准布点——承担全科生培养的5所市属师范高校，分布于重庆的三个方位：渝西主城都市区、渝东北三峡库区、渝东南武陵山区。目的就是师范大学在区县"家门口"培养全科生。

精准定策——在"市来市去""县来县去"之间，重庆选择了"市来县去"，即面向全市招生，定向到县区。这样既保证了政策的公平性，又兼顾了生源的开放性。

精准链接——重庆市中小学教师发展中心副主任杨冰介绍，在构建"UGIS"联盟时，重庆在"UGS"（高校、政府、中小学）中特意加了一个"I"，即教研研修机构。重庆在市县两级建立了教师发展中心或者教师进修学校，协助教委具体精准推动全科生职前职后一体化培养，发挥"架桥开路、穿针引线"作用。

精准机制——承担全科定向生的区县全部建立了师范生实习基地系统制度，严格遴选优质基地校，根据表现优劣动态调整基地名单；实习中，为每名小学全科教师配备基地一线名优导师，让师范生结伴成长、拔节成长；配齐配优住宿、交通等，解决实习后顾之忧。

在重庆，全科教师培养实现了全过程精准协同。

懂乡村：培育有乡村特质的师范生

在长江师范学院副校长冉隆锋眼里，教育情怀这个说起来有些虚的东西正是一所师范院校的最高追求。长江师范学院把培养乡村教育情怀变成一个个实实在在的课程和实践活动，努力孕育全科生的乡村特质。

行走在长江师范学院校园，处处感受到了这种"实"：

——构建乡村教师"本土化培养"课程体系。

——研制全科生、教师懂乡村教育的评价指南，用电子档案袋收集记录学生和教师的乡土知识、乡村情怀和乡村教育能力。

——根据乡村教育特点在教学中加入留守儿童、单亲家庭、心理健康等特色教学模块，引导学生学做临时家长。

——开展"读、进、讲"活动："读"乡村教育电影和乡村教育名家著作；"进"乡村小学，投身乡村儿童课业辅导、留守儿童之家建设等志愿服务；"讲"乡村教育故事，乡村名师进课堂讲体会。

不单单是长江师范学院，懂乡村、有情怀，成为重庆几所培养全科生高校的共识。

重庆第二师范学院构建了乡村教育情怀养成的系列做法，如积累乡村教育情怀教学案例3000余个，在课程菜单中单列乡村教育情怀序列，每年提供"我眼中的乡村"等50项活动菜单；打造"五个一"特色品牌活动，即参与一次留守儿童关爱、亲历一次乡村教育调查、撰写一篇乡村教育叙事、参加一次我身边的榜样主题绘画、演绎一次我理想中的教育。

重庆培养小学全科教师的第三个鲜明特征就是"土"。

11年间，一批批"土味儿足""爱乡村"的全科教师来到重庆星罗棋布的村小，像一盏盏明灯温暖了学生、照亮了村小、激活了乡村。

变化正在乡村发生——

全科生成为重庆乡村的"新乡贤"，村里有红白事，主家邀请他们坐在上位；春节快到了，村民会邀请他们写上几副对联……

变化正在师范教育领域发生——

全科教育已经走出了全科定向生范畴，几所高校都在深入研究全科生培养的经验，逐步吸收进非全科的师范生培养中。首届全国小学全科教师发展论坛、国家教师发展协同创新实验基地、国家基础教育教师队伍建设改革试点纷纷在重庆举办和落地。

重庆全科教师培养走向了全国。

数据显示，过去11年，重庆全科生招生计划从633个增长到1580个，近几年因为农村生源变化和教师队伍结构，人数回落到700名左右。

全科教师未来如何？其实这个问题背后隐藏着一个更大的问题：乡村教育未来如何？

的确，面对着城市的"快"，乡村总显得"慢"。仔细想来，有时"慢"反而是一种优势。

看尽城市的繁华与精致，回到乡村不见得是所有人的选择。但经历过百态的人们，似乎都憧憬一种乡村式的方向：返璞归真。

教育又何尝不是如此？面对着"全人发展"理念，区县城区学校也开始反思自身教育的弊端，探索起"五育"并举新方向，对乡村全科教师求贤若渴。

教师是教育改革的最大变量，对于乡村教育，意义更大。

全科教师，无疑是一个有力回答。

（原载于《中国教育报》，2024 年 7 月 11 日，杨国良参与）

"养"好教育的"工作母机"

——河南省加强教师队伍建设透视

"教师教育，可以说是教育的'工作母机'，其发展水平直接决定着整个教育事业的发展水平。"河南省教育厅厅长朱清孟如是说。

河南是名副其实的教育大省、教师大省。全省教师的数量，不包括高校就有100多万人。

"十二五"期间，河南通过强化师德建设、教师培养、终身学习、梯队建设、教师补充等体系的建设，创新教师培养培训模式，努力构建现代教师教育体系。

近日，本报记者深入河南新乡、濮阳、长垣以及河南师范大学等地采访，探寻这个教育大省教师教育的经验与启示。

师德激励机制：给从教 30 年的教师出书

记者在河南省长垣县采访，听到几件新鲜事：长垣县编印了《杏坛春秋30载》，收录当地所有满30年教龄老教师的个人简介和从教感言，并颁发从教30年荣誉证书和奖品。

除了给老教师出书、立传，当地领导还为退休教师送匾、挂匾，纪念教师光荣退休。

加强教师文化建设，组织开展退休教师荣休仪式和探索建立教师荣誉制度，是构建师德激励机制的重要内容，在省委、省政府核定的全省教育系统三个表彰事项中，师德标兵评选占其一。目前，河南已在中小学教师中试行优秀教师学术休假制度，定期安排中原名师外出，让教师能够真正静下心来教书、潜下心来育人。

"我宣誓：我志愿做一名光荣的人民教师，忠诚人民教育事业，贯彻党的教育方针……"2015 年 9 月 10 日，在中州大学教师代表的引读下，包括该校校长毛杰在内的学校教职工进行了《河南教师誓词》宣誓。与此同时，河南各地各校也举行了多种多样的教师誓词宣誓仪式。

"此项工作的开展，一方面促进了教师职业理想和职业道德建设，增强了广大教师教书育人的责任感、使命感和弘扬高尚师德的意识，另一方面在一定程度上对于在工作中存在的某些责任心不强、教书育人意识淡薄等有损人民教师的职业声誉的非主流现象起到了教育和警醒作用。"毛杰说。

2014 年 9 月，朱清孟在北京参加全国教师节表彰大会时，晚间斟酌写就教师誓词，随即启动了教师宣誓活动。

除了激励和教育机制，河南还把师德宣传作为主渠道，以系列主题活动为抓手，营造尊师重教的良好氛围。

每年河南省有一个雷打不动的品牌，即一年一个主题、一系列活动、一系列典型的"三个一"活动。这项活动每年春节前就开始提前谋划，贯穿全年。围绕主题，持续开展演讲、征文、巡回报告等系列活动，形成一张独特的文化品牌。

2010 年"学三平精神，做三平教师"，2011 年"我把青春献给党"，2012 年"教育崛起，教师为基"，2013 年"学习身边的'张丽莉'，做人民满意的教师"，2014 年"学习张伟，践行焦裕禄精神"，2015 年启动首届"河南最美教师"公益评选及颁奖典礼活动，来自省内外的报道与点赞达 100 多万条。

"近年来，通过强化师德教育为基础，以建立宣传、教育、考核、奖惩、监督'五位一体'的中小学幼儿园教师师德建设长效机制为目标，不断着力构建起河南省基础教育师资师德建设体系，以此引导广大教师实现自律与他律、立德树人与依法从教的统一。"河南省教育厅副厅长刁玉华说。

教师教育课程改革：小学教师走进大学讲堂

过去，师范类专业学生学习三门教师教育课程，即心理学、教育学和教学法，俗称"老三门"。高等师范教育与基础教育、理论性课程与实践性课程呈现出"两张皮"，教师教育本色未能体现出来。"着力提升师范生培养质量，决不能让师范生一上岗任教就需要进行补课性的培训，要成为教师教育人的责任。"河南省教育厅师范处处长朱自锋说。

让师范生系好教育人生的第一粒"扣子"，成为河南的一句座右铭。自2012年起，河南省教育厅累计投入5000多万元，持续推进教师教育课程改革工程。

创新实验区、教改项目、双导师制、精品课、卓越教师、师范生技能大赛等核心举措先后被推出。

刚刚获得第三届全国师范大学师范生教学技能大赛一等奖的3名大学生，一下飞机就被郑州外国语学校用专车"抢"到了学校。学校为他们举行专场招聘，提供丰厚的待遇。

让这所河南知名高中如此青睐的大学生，正是河南师范大学培养的。为此，朱清孟还专门作出批示：向获奖的学生和河南师范大学表示热烈祝贺。

从2009年起，河南师范大学就进行了人才培养方案的改革。

为了能让教学更接地气，河南师范大学大力推进双导师制，专门聘任了60余名中小学特级教师、高级教师和一线教师作为双导师制校外指导教师。每年，河南教育厅评选出"中原名师"后，河南师范大学将其全部聘为学校的硕士导师。

任园，新乡市外国语小学数学教师，河南省名师。让任园没有想到的是，作为一名小学教师，还能走上河南师范大学的课堂，为大学生授课。

学生们的评价让任园更是没有想到："令人折服的授课方式，把情感融入学习中恐怕是最高的学习境界了，这应该也是日后我们进行课堂教学所追求的！"

除了内联，还要外引。河南师范大学以"河南教师教育创新试验区"和"1+100省级示范高中写作共同体"为支撑，向基础教育追寻源头活水。

目前，全省已聘任双导师制教师1650名，培训教育类课程师资600人，立项教改项目1628项，培育93项教师教育教学成果奖，立项建设54门省级教师教育精品资源共享课，实施15项省级卓越教师培养计划项目，20个试验区已投入使用，覆盖了全省所有师范院校和全省五分之四的区域，构建了一个由 20 所高校、16 个省辖市教育局、1200 余所中小学幼儿园和教研室、县级教师培训机构组成的合作共同体。

"通过政策引导和项目集群的教育专项投入，我们把基础教育的课改成果移植到了师范生的培养中，同时也把高等师范教育的优秀成果应用于基础教育之中，推动了高等学校、地方政府、中小学的深度合作，高等师范教育与基础教育'两张皮'变成'一盘棋'。"刁玉华说。

教师终身学习：教师培训送到了家门口

如何构建教师终身学习的新体系？河南的做法是，依托"国培"、启动"省培"、引导"市培"、带动"县培"和"校培"，形成以"国培"为引领，以"校本研修"为基础的一体化管理、差异化培训的五级联动、六位一体的培训机制。

在国家级示范性县级教师培训机构——卫辉市教师进修学校采访，你会发现一个怪现象：在校的教师很少，因为基本都下乡去了。

"传统的培训，都是短期集中式，形式单一，又缺乏后续的跟踪指导。"校长张良凯说，如何给教师提供持久的发展动力，满足教师不断提升的培训需求和终身学习的愿望？县培大有可为。

为此，该校加强了培训后期的跟踪服务，逐步总结出了"五段互动跟进"培训模式，即教师培训机构完成某一个培训项目的集中培训环节后，对培训对象所进行的后续性指导和互动交流，从而把握培训对象的发展动态，不断解决工作实践中出现的新问题，同时以任务驱动，不断促进教师的教学能力和水平呈递进式、螺旋式上升。

城乡教研联动、需求调研、现场会诊、案例研讨；除了教学培训，还有督导员培训、财会人员培训、安全培训、档案员培训等。这些更具针对性、更接地气的培训，相继送到了教师的课堂上。培训者走到了教学一线，参与到了教师成长的动态过程中。

为了固化教师的动态成长，学校特别设计了中小学教师跟进式培训报告册。在卫辉市教师进修学校教务处，主任张薇给记者打开了卫辉七中教师郭丽娟的跟进式培训报告册。在这本小册子里，记者看到了教育理论研读、参与式活动记录、教学设计、跟进培训总结等郭老师的所有动态成长轨迹。

"作为面向乡村教师最基础、最前沿的服务平台，河南省每年安排400万元的专项经费支持县级培训机构的发展。"朱自锋说，"原先，县级培训机构一直在减少，最少到过70所。现在已经恢复到100多所。"

目前，全省已建成5所国家级示范性县级教师培训机构和34所省级示范性县级教师培训机构，规划到2020年全省基本实现县级教师培训机构标准化，并着力推动县域内教师教育资源的整合，建立新型的县级教师发展中心。同时，组建了全国首家县级教师培训机构联盟，定期举办校长论坛，作为第三方组织受委托开展评估。

在新乡，一幅囊括全部教师、全部培训的更大画卷正在展开。

2015年11月30日，新乡市教育局印发了《新乡市教师教育学分银行实施方案》，建立起河南省首家教师教育学分银行。

学分银行是一种模拟、借鉴银行的功能特点，使学习者能够自由选择学习内容、时间、地点的管理模式。

"学分银行具备银行的基本功能，如存储、兑换功能。"新乡市教育局副局长刘建学说，"不过它存储的是学分，汇兑的是学历或证书。"

刘建学告诉记者，我们把全市所有教师、所有培训全部纳入到学分银行中，规定五年为一个周期，总学分不低于360学分。

"一个学期没有完成学分的可以借贷，但是要还利息、多培训；超额的教师，可以把多出来的学分兑换成'培训淘宝币'，用来买书、查阅更高级别课程资源等。"刘建学说。

除了县培、市培，近5年来，河南认真实施"国培计划"，累计争取中央财政专项资金8.26亿元，培训教师近100万人次；在"国培"没有覆盖的领域，累计安排专项经费8000万元，实施"省培计划"。与之相配套，构建了教师教育质量保障体系，建立了省级教师教育监测平台，强化对教师培训的绩效考核，初步形成"调研+规划+智库+引导+制度+绩效"的教师教育治理模式。2016年还将在全国较早启动"互联网+教师教育"行动计划。

教师梯队建设：教师攀升有了更高目标

"随着基础教育新课改的不断深入，河南省中小学教师供求关系正在由总量不足转变为结构性矛盾，教师教育也从满足数量向提高质量转变。"刁玉华说。

朱自锋坦言，从现实来看，许多教师评完高级职称后，感觉已经到了最高峰，遇到了职业倦怠和平台期。

为此，从2013年起，河南省教育厅每年安排500万元，启动实施了中原名师培育引导工程，致力于构建起以中原名师为引领，从新入职教师到教育教学专家、从校级骨干到省级骨干、从县级名师到省级名师的河南省基础教育教师梯队建设体系。

中原名师是河南省中小学教师的"塔尖人才"，是"豫派名师"的代表，对于遴选确定的中原名师，省教育厅给予每人20万元的经费资助。

河南省委组织部将中原名师列入省人才质量发展指数，河南省人社厅将中原名师、省级名师列入职称评审绿色通道，不占原有基数，极大激发了教师专业发展的内在动力。

在河南省首批中原名师、濮阳市三中语文教师路桂荣的名师工作室里，成员中除了5名全市最优秀的语文教师外，还有来自农村校的骨干教师、刚刚成长起来的优秀青年教师，甚至还有刚来学校参与教学实践的师范生。

目前，濮阳市探索建立了"合格教师—骨干教师—学科带头人—教学名师—专家型教师"5个教师专业化成长阶梯。

除了优化结构，濮阳市还打破学科界限，组建跨学科名师工作坊。

每周四下午三点到四点半，濮阳七中五楼的名师讲堂里，毛毛虫工作坊的18名成员都在这里开会，成员有校长、各个学科的老师。

都娟，是工作坊的主持人，同时也是都娟名师工作室的主持人。她告诉记者:"原先以我的名师工作室为依托,组建了濮阳市生物教研联盟。"

"2015年7月,为了响应市教育局的组建跨学科名师工作坊的要求,我在全校发出了关于组建家庭教育工作坊的招募通知,打破学科界限、打破行政身份。"都娟说,没想到得到了全校教师的积极响应。

"家庭教育与学校教育哪个更重要?""教育孩子的王道是自己先成长。""培养孩子将来成为什么人,远比现在的成绩更重要。"每天感悟一句话、无领导小组讨论、抽奖分享,内容精彩纷呈、结构精心设计,一个半小时高强度、高质量的互动研讨让成员对家庭教育的理解更加深入了。

为了量化考核名师的辐射带动作用,濮阳对全市名师工作室实行动态考核管理,不达标的名师工作室要摘牌。

"去年,有三个名师工作室没有达标,就被摘牌了。"濮阳市教育局师训科科长王章喜告诉记者。

从2015年起,河南省启动实施中原名师"百人计划",系统地提出了"12345"的名师队伍培育模式。"1"就是打造一个豫派实践型教育家群体;"2"就是实现"两个重在"——重在培育、重在考核;"3"就是构建"三个平台"——名师培育基地平台、名师工作室平台、教师发展学校平台;"4"就是发挥示范、带动、引领、辐射"四个作用";"5"就是做到思想、保障、任务、管理、推广"五个到位"。同时,按照"以育为主、周期设计、整体推进、导师引导、课题引领、分批产生"的工作思路,变一年一评为6年统筹,分批分期认定122名左右的中原名师。

这一模式也在河南发酵,朱清孟厅长在全省教师工作会议上宣布,要将原有的中小学"中原名师"、职业教育教学专家、高校教学名师等项目进行整合,设立覆盖各级各类教育的"中原名师"项目,把"中原名师"打造成河南省教师队伍建设的一个品牌。

教师补充体系:试点培养小学全科教师

"在上世纪90年代'民师转正'的教师正陆续退休和国家大力发展学前

教育、均衡发展义务教育的背景下，如何优化配置教师资源，建立稳定有效的补充机制，成为当前教师队伍建设尤其是农村教师队伍建设的首要任务。"朱清孟说。

河南的做法是，补足配齐，优化结构，高端引领。

具体来看，以补足配齐为重点，采取政府购买服务、实施学前教育巡回支教试点工作等方式，初步实现学前教育师资补充的正常化；以结构优化为重点，同步实施国家和地方"特岗计划"，已招聘7.6万名特岗教师到农村学校任教，初步实现义务教育教师队伍的均衡化；以高端引领为重点，实施"硕师计划"，累计招聘1380多名农村教育硕士到农村学校任教，初步实现高中教育教师队伍的优质化。

"黄河滩区的学校，留守儿童多，阅读书籍少。"濮阳县昆吾社区小学特岗教师刘海燕介绍说。

昆吾社区地处黄河滩区。为了提高滩区居民生活水平，濮阳县启动了集中搬迁黄河居民、建设滩区社区的民生工程。昆吾社区小学是昆吾社区的新建配套学校。

在这所新建滩区学校里，一共有9名老师，特岗教师就有5名，已经撑起了半边天。

2012年，特岗教师刘海燕来到学校，发现学校没有阅读室，因此在同为特岗教师的校长杨承的支持下，90天就建起了阅读室。经过两三年的努力，目前阅读室已有图书2258本，绘本、文学、科普等种类多样。

现在，刘海燕准备探索开发"阅读特色课"，阅读成了她专业化成长的阶梯。而校园里也从静寂无声，变得书声琅琅。

在延津县，政府实施"暖心工程"，即待遇暖心、事业暖心、感情暖心，为每位特岗教师办理了"二险一金"，建立了教师专业发展攀升体系，配备了洗衣机、洗浴间，温暖了全体特岗教师的心，吸引越来越多的优秀人才献身延津的教育事业。

为进一步优化农村义务教育教师结构，缓解音体美科等薄弱学科、紧缺学科教师短缺矛盾，实现对乡村学校的精准师资扶贫，河南决定以培养小学全科教师为载体，启动实施免费师范生政策试点，从 2016 年起开始招生，每年计划招生 1000 名，为农村教学点培养一批"下得去、留得住、教得好"的全科教师。

"河南将以此为突破口，推进师范生分类培养模式的改革，在教师教育课程、教学、体制、机制、师资队伍建设、学科与专业、质量评价以及职前职后一体化建设等方面，实施一系列的教师教育综合改革。"朱自锋说。

悠悠万事，唯变革大。河南在用行动叙说着中原大地教师教育的故事，在传统的师范教育走向现代教师教育的转型期，让我们共同呼唤一个有灵魂、有活力的教师教育，以此承载"工作母机"第二春的梦想。

（原载于《中国教育报》，2016 年 3 月 1 日，王友文、陈强、李见新参与）

第四辑

善解：解决问题的可能路径

本辑导读

教师的问题，往往能掀起舆论的风暴和巨浪。为什么？因为教育关乎每一个孩子的未来，关乎每一个家庭的希望，更关乎整个社会的进步。教师的一言一行，都会被放在家庭、社会乃至整个民族的角度放大来看。

第四辑面教师队伍管理综合改革中的难点与痛点，探讨了问题存在的原因，提出了解决问题的可行建议。例如：如何养好师范教育这台"母机"？如何通过"礼遇"教师提升职业吸引力？如何缓解教师的焦虑情绪？如何推动教育家精神真正落地？……这些问题不仅是教师队伍建设的瓶颈，也是教育强国建设的关键。这些探讨与分析，为教育决策者和管理者提供了一些可行的思路与方法，为教师队伍管理综合改革提供了理论支撑与实践指导。

善解问题，不仅是政策的制定与拿捏，更是对教育本质的深刻理解；不仅是教育资源的投入与分配，更是对教师需求的精准回应；不仅是制度的完善与创新，更是对教育未来的责任与担当。

希望您能从这些文章中，拨开现实的羁绊、思维的迷雾，收获一片生机勃勃的绿洲。

如何养好师范教育这台"母机"

师范教育是教育中的教育，新时代如何养好教育这台"母机"，如何构建新时代的师范教育？两会期间，本报记者采访多位师范大学校长代表以及中小学校长代表，热议新时代师范教育。

招生：灵活多元，增加一流师范高校

生源可以说是师范教育的源头和关键。现有的师范生招生政策有什么问题？如何才能吸引更多优秀的学生更顺畅地报考师范专业？

全国人大代表、河南师范大学党委书记赵国祥直击目前师范生招生方面存在的问题：一是师范院校在师范生招生与培养中的主体地位在下降，调查显示，就师范院校内部而言，大多数师范院校师范生的招生数在招生总数中所占比例为 20% ~ 40%，师范专业占比则更低；二是师范生的生源质量整体偏低，师范生招生中男女比例失调现象较为明显，据调查，师范院校中男生比例仅占 30% 左右。

具体到免费师范生招生计划，全国人大代表、东北师范大学附属中学校长邵志豪指出，当前，大学与地方在招生与就业方面缺乏有效沟通。各省区市中小学校与免费师范毕业生在需求岗位范围内进行双向选择的相关要求也没有明确细化，这就容易导致招生与就业机制不健全、不具体，招生计划数量与各省区市教师需求数量不匹配等情况时有发生。

全国人大代表、江西师范大学附属中学校长张国新则认为，师范院校在高等教育体系中的地位不高、支持力度不够，知名的师范类高校数量不多。教师在社会上的地位还不高，特别是经济地位。因此，优秀高中生源主观上不愿意读师范专业，报考积极性不高。

为此，张国新建议，加大对师范类高校的投入，提高"双一流"建设高校中师范类的占比；对师范类招生给予一定的自主政策，促进师范专业招生方式多元化，对于富有爱心、热心教职的高中生通过提前测试可以在高考中降分优先录取；在师范院校内部，师范专业面向大一、大二学生，选拔乐教爱教的相关专业学生转读师范专业，鼓励非师范专业人员报考教师资格证。

全国人大代表、山西师范大学副校长许小红则建议，需要改革师范生招生制度、实施师范生提前批次录取，重视面试环节，建立灵活的进退机制；有效引导地方政府加大对师范院校和师范类专业的支持力度，大幅度提高师范生生均拨款，建立专门的师范教育专业奖、助学金制度；遴选建设一批高水平、有特色的师范教育基地，增加师范教育对优秀青年的吸引力。

培养：专兼并蓄，全面提升质量

全国人大代表、湖南省石门县雁池乡苏市完小校长王怀军提出了中师对现在教师培养的意义："中师之所以让人怀念，是因为中师生的全能，即琴棋书画、吹拉弹唱，样样都拿得起。特别是在山区师资严重缺乏的情况下，他们可以身兼数职、兼教多个学科，并且能保证一定质量。"

"现在小学全科教师的探索，正好应该吸收中师教育的特点。"赵国祥认为，应从三个方面着力：一是推进制度创新，试点探索初中起点专科和本科培养模式；二是增加面试环节，挑选乐教适教的优秀青年进入候选教师行列；三是优化综合课程体系，培养胜任小学全科教育的"四有"好老师。

许小红则认为，结合办学实际，应持续推进全科培养。一是完善师范教育课程设置。以通识教育课程为例，按照少而精、博而通的原则，对比例过高、内容庞杂、门类多、内在逻辑联系不足、主干课程不突出的学科性专业课程进行整合，强化、突出常识性知识。二是健全师范教育相关制度。从专业设置、学制年限、课程内容和培养方式等方面，综合考量，制定全科教师培养标准。同时，制定全科教师岗位和职称倾斜政策，尤其对于坚持在乡村小学工作的全科教师予以一定的保障性、帮扶性倾斜。

"此外，综合大学开办师范教育，是师范教育的一种有力补充，但并不能取代师范院校的师范教育，推动师范教育持续健康发展，关键还要依靠师范院校。"赵国祥认为，在教师培养体系日益开放的时代背景下，这种师范院校与综合大学互补的师范教育体系，有利于通过适度竞争，充分激发活力，形成良性互动，在确保充足的师范专业人才培养供给的同时，全面提升师范专业人才培养质量，涌现出更多一流的大国良师。

实训：协同合作，职前培养职后培训有效衔接

"部分师范生实习流于形式，主要原因是本科实习生教学能力弱，学生家长不接受，学校也不放心。"张国新提出了师范生实习实训的紧迫性，要在教师教育的内容上做整体规划，做到先分工、后衔接，有协同、有合作。"目前是职前培养阶段企图完成职后阶段的任务，结果事倍功半；职后培训，却仍旧在做最基础的教师素质、教师基本功等本该职前养成的教师教育工作。"

针对职前培养与职后培训有效衔接的问题，赵国祥提出培养"双师型"教师教育队伍的建议，增强师范院校师资队伍的中小学实践能力；实行"双导师制"，用一线卓越教师造就未来卓越全科教师。

邵志豪说，以东北师范大学为例，学校以"教师教育创新实验区"建设为实践载体，提出并践行了高等学校、地方政府、中小学"三位一体"协同育人模式（"U-G-S"模式），有效破解了师范生教育实习的难题，为培养卓越教师提供了平台保障。"这一模式已经写入了教育部和中央的文件之中，在全国推广。"

针对三方协同合作，许小红建议要探索、创新合作方式，如设立工作坊、项目挂职、学术休假等，保证三方"权责分明、优势互补、合作共赢"，充分实现职前培养与职后培训的有效衔接。

赵国祥建议尽快打造一批示范性地方师范大学，并通过强化示范性师范大学的典范引领，职前教师培养和职后教师发展的有机衔接，努力构建以师

范院校为主体、高水平非师范院校参与、优质中小学（幼儿园）为实践基地的开放、协同、联动的中国特色教师教育体系。

就业：强化服务，提升师范生职业自信

"2018 年国家调整师范生政策，把免费师范生改成了公费师范生。"赵国祥介绍，最大的变化就是履约任教年限从 10 年调整为 6 年。

我国师范生免费教育政策从 2007 年实施以来，截至 2017 年，已累计招收免费师范生 10.1 万人，其中 90% 到中西部省份中小学任教。"然而，不容忽视的是，近年来免费师范生'违约'不在少数。"赵国祥说，国家及时调整政策，是为了更加符合任教 6 年刚好能完成小学 6 年、初中或高中 3 年的完整教学周期的实际情况，更加尊重师范生的职业选择与发展规划。"从'免费'到'公费'，有助于强化师范生培养中的公共精神和社会责任。"

赵国祥说，构建公费师范生特别是乡村教师发展体系，要鼓励公费师范生在职攻读教育硕士专业学位，对在乡村尤其是教学点任教的公费师范生的职称评审实施支持性政策，面向服务期达到特定年限、任教效果优良的乡村中小学教师，建立专门的高级职称制度。

许小红认为，除了缩短年限，为了让更多优秀年轻教师留在教师岗位、扎根基层，还应打出政策"组合拳"："比如在招生计划编制方面，加大本土化招生力度，将师范生定向到校或县级以下特定区域，毕业后直接分配到最需要人才的农村中小学；在教师人力资源配置方面，要坚持问题导向，进一步推进'县管校聘'、交流轮岗、编制管理、职称评定等教师人事制度改革，促进教师资源合理配置、有序流动。"

（原载于《中国教育报》，2019 年 3 月 16 日，柯进参与）

如何"礼遇"教师 ①

习近平总书记在全国教育大会上指出，全党全社会要弘扬尊师重教的社会风尚，努力提高教师政治地位、社会地位、职业地位，让广大教师享有应有的社会声望，在教书育人岗位上为党和人民事业作出新的更大的贡献。

两会期间，尊师重教再次成为代表们热议的话题。

建立绿色通道、教师礼遇制度等

"一个不尊重教师职业的民族，是一个没有希望的民族；一个不维护教师尊严的民族，是一个没有未来的民族。"在全国人大代表、山东省教育厅巡视员张志勇看来，重塑师道尊严，是建设教育强国的必由之路。

"教师是教育发展的第一资源，是国家富强、民族振兴、人民幸福的重要基石。"张志勇认为，在全社会确立教师优先的思想，有利于营造尊师重教的良好社会氛围，吸引更多的优秀学子从事教师职业。

为此，张志勇建议，建立人民教师生活出行学习"绿色通道"制度：在全社会倡导教师优先的思想，教师外出乘坐交通工具时，给予优先通行的礼遇，建立教师参观纪念馆、博物馆、展览馆，观看各种文艺演出、电影，以及旅游景点门票免费或优惠制度。

与张志勇观点不谋而合的还有全国人大代表、四川省教育厅厅长朱世宏。朱世宏建议，探索公共场所对教师实行优待等方式，如在医院、机场、车站等开辟"教师窗口"，让教师成为令人羡慕的职业。

"教师礼遇制度，意义大于所得。"在全国人大代表、山东农业大学校长

---

① 原标题为"'礼遇'教师提升职业幸福感"。

张宪省看来，谈这些具体礼遇措施并不是在讨论教师能获得多少实惠，而是充分肯定和考虑设立的象征意义，这样更能促进全社会形成尊师重教的氛围。

在调研中，朱世宏还发现，边远贫困地区一线教师，因病致贫的比较多，希望能够有相关的措施或者保险对他们进行帮助。他建议，建立乡村教师、优秀教师疗休养制度，"重点是要向符合条件的专家、一线教师尤其是乡村教师倾斜。"

全国人大代表、湖北省人大常委会副主任周洪宇提出，国家正式确立公办中小学教师作为国家公职人员的特殊的法律地位后，应该相应地配套推出特殊公务员制度，或者推出教育公务员制。"特殊公务员或者是教育公务员制度实际上在国外也不少见，像法国、德国、日本、韩国这些国家的教师就是教育公务员，或者说特殊公务员。"

增强获得感要因地制宜

全国人大代表、湖南省石门县雁池乡苏市完小校长王怀军，在接受采访时向记者讲了一个故事：学校有一位即将退休的教师，一辈子都在乡村里默默教书，从没向学校提过特殊要求，临退休他提出一个愿望，说想去首都北京看看天安门。

"如果建立了教师疗休养制度，这个问题就可以皆大欢喜地解决。"王怀军说。因此，在增强教师获得感时，一定要坚持两个原则：一是要着眼于解决教师实际困难，例如教师待遇、津补贴等；二是要向乡村教师等弱势群体倾斜。

"对教师群体获得感的关注，体现了全社会尊师重教的向好趋势。"全国人大代表、安徽省宿城一中副校长刘秀云表示，提高教师待遇仍然是迫切需要推进的工作，这也是教师最能感受到获得感的地方。待遇的提高除了普遍性的提高，更应该注意差异性的问题，以待遇引领教师成长，以待遇评价教师成就。

刘秀云说，解决获得感的问题，必须切实落实教师待遇不低于公务员政策。"有两个备受教师关注的问题亟须解决：一是教龄津贴标准，这项政策制定于 1986 年，沿用至今；二是教师和公务员去世时，抚恤金标准存在差异。"

"不能一刀切，要因地制宜。"张宪省表示，教师群体很大，各个阶段教师诉求点不同，例如高校教师可能更希望减轻教学科研压力、解决精神负担的问题。所以，增强获得感要注意不同教师群体的差异，因人群而定、因地区而定，按照分门别类、先易后难的原则来审慎地推进。

全国人大代表、东北师范大学附属中学校长邵志豪表示，在制定享受疗休养制度等照顾政策时，应充分考虑界定标准，例如教师的从教年限、弱势群体、荣誉奖励等，要让大多数人能够心服口服，不能搞一刀切。

此外，张宪省还提醒说："公共资源毕竟有限，应统筹考虑其他需照顾人群，例如军人、老年人、残疾人、医生等。"

内外兼修收获真正"礼赞"

"不尊重教师职业，是不尊重知识和文化的表现，是对教育内在价值的否定。"全国人大代表、河南省安阳市教育局局长黄艳说。

在黄艳看来，他人的尊重是个人品德的副产品，一个行业受尊重的程度是行业整体职业规范、职业水平的副产品。"我们提倡全社会尊重教师职业，不能忽略教师专业水平的提高与师风师德水平的提升"。

"教师职业的获得感，包括职业尊严和职业成长的获得感。"刘秀云说，教师的成长与他们的专业发展密不可分。

刘秀云表示，现行中小学正高级职称评定标准过高，使得很多教师三四十岁评上高级职称后再无他求。"没有发展后劲的人生又何谈获得？"刘秀云建议，必须进一步改革职称评聘制度，让"有为者有位"。

同时，刘秀云表示，教师群体也要自尊自爱，加强师德修养，以赢得学生和家长真心的"礼赞"。

张志勇建议，尽快设立"人民教育家"国家荣誉称号、建立国家级教师表彰奖励制度、设立"国家教师奖"，加大教师表彰力度，切实提高广大教师的社会声望。

"我认为，提升教师职业幸福感、获得感更应从改善教育生态的基础做起。"黄艳表示，在"唯分数论"观念还没有得到根本扭转的当下，教师专业发展的高度、学术能力提升的可能受到限制，这也侵蚀着教师的职业态度，教育应有的温暖和诗性消失了。

（原载于《中国教育报》，2019 年 3 月 11 日，柯进参与）

"延时服务"，师从何来

家校共育，丰富课程

课后服务是学校课程的简单延伸吗？显然不是。

翻开 2017 年 3 月教育部印发的《关于做好中小学生课后服务工作的指导意见》，其中明确提出要科学合理地确定课后服务的内容与形式，主要是安排学生做作业，自主阅读，开展体育、艺术、科普活动，以及娱乐游戏、拓展训练、开展社团及兴趣小组活动、观看适宜儿童的影片等。

教育部的意见其实很明晰、很具体，因此不断有城市和学校加入到探索者的队伍中来。

在河南郑州，每天下午四点放学后，金水区黄河路第三小学的校园里便热闹起来。校长杜豫接受采访时介绍说，从 2020 年 11 月 2 日启动课后延时服务后，全校 97.3% 的学生参加延时活动。学校开展了"自主作业＋特色课程"，融合主题教育、学习能力提升、课外阅读等特色课程和社团活动等项目。特色课程涉及爱国主义教育、劳动教育、审美教育、礼仪修养、手工环保等，社团活动涵盖"活力田径""篮球宝贝""火焰啦啦操"及管乐团等项目。

2 月 27—28 日，中国教育报微信公众号特别推出了关于课后服务的网络调查，一共有 3641 人参与投票。其中，在回答"学校是否提供了足够丰富的体育、艺术等课后服务课程选择"时，38% 的网友选择"是"，48% 的网友选择"否"，其余为不清楚。

其实，延时服务不止学校和老师在努力，来自各行各业、身怀各种"绝技"的家长也走进学校、走进课堂，为孩子们带来一节节别开生面的生活课程，家校共育让延时服务实现了"'1+1'大于'2'"。此外，郑州市还通过多种渠道吸引高校优秀学生、文体工作者、民间艺人等社会热心人士到校提供形式多样的公益性服务。

而在另外一个大城市——天津，当地艺术传统深厚，民间舞蹈以"皇会"闻名遐迩。当地教育部门整合校内、校外资源开展美育实践活动，发挥好天津戏剧博物馆、天津杨柳青木版年画博物馆等文化艺术场馆的美育作用，一口气创建了50个美育传习室，极大地丰富了课后服务。

看得出来，为了做好这项公益改革，各地都很"拼"。

专业师资，仍有缺口

记者发现，在已开展课后服务的地区和学校中，"师资"与"课程"是家长们关注的重点。目前各地课后服务课程重点集中在三个方面：一是与校本课程、社团课程相关的活动，二是赴基地开展实践技能培养，三是特色内容。

比如浙江金华，当地教育部门提出开展校内托管服务，不仅要让学生"留下来"，还要"留得住""有效果"。

金华重点推出了四个方面的内容：一是结合素质教育开展科技艺术类社团活动，二是结合近视防控增加体育活动，三是结合劳动教育开展实践技能培养，四是结合心理健康教育提供咨询辅导服务。

而对于师资，目前各地学校的来源主要有三个渠道：校内、购买服务和社会机构。还有学校将目光投向了志愿者组织，例如上海市嘉定区的小学就与至少6个志愿者组织开展合作。

一句话，对外，以课程换师资；对内，以课程养师资。

方向有了，但实施力度有多大？这就考验不同地区的发展水平与不同学校的能力了。

我们知道，从社会上聘请有资质的师资是可行的。但是专业度、配合度都无法与教师这一专业群体相比拟。特别是对于师资力量相对薄弱的地区或者乡村，可供使用的社会资源更是匮乏。对学校来说，培养和使用好本校的师资仍然是第一选项。

一所地处北京的中学校长则坦言，学校目前最大的困扰是课后服务"同工不同酬"的问题。读者在中国教育报微信公众号的调查中回答"您学校给参与课后服务的教师补助吗"时，18%选择"无"，50%选择"有，很少"，只有7%选择"有，比较丰厚"。

一些学校校内教师上课只有50元课时费，而校外机构因为有收费标准，课时费往往要好几百元。"课后选修课程的开设，主要还是靠教师的情怀和兴趣爱好在支撑，积极性如何能够得到持续的调动？"

建章立制，尝试创新

对于如何保证服务内容和人员，专家们也表达了各自的观点。

在长期深入和观察课堂的深圳市盐田区外国语学校校长谢学宁看来，"三点半课程"质量不高归结起来就是始终没有解决好"教什么"和"怎么教"的问题。基于当前中小学教育现状，他提出有必要制定"三点半课程"指南，从而在具体实施中能够有效解决好这两个问题。

谢学宁分析认为，指南要厘清"三点半"教育的内涵和边界，解决"教什么、怎么教"的问题，完善课程教材的相关标准要求，从基本原则、总体目标、主题内容、载体形式、学段要求等角度，对"三点半"课程教材提供细致分析。

"学校在职教师是课后服务活动在具体实施中的主要力量。"山东省烟台市教育局政策研究室主任李纪超就明确点出，要解决好两个方面的问题：一是积极性的问题，二是能力的问题。

对于前者，李纪超认为，课后服务劳动价值应得到充分尊重和体现，可以尝试创新形式和拓宽路径，比如向参与的教职工发放一定的薪酬补贴、计入课时量等。对于后者，要加强服务内容设计和培训，对教师要求更加专业，须加强其专业培训，否则质量就会打折扣。

很明显，"别的方法"可以动脑筋，但调动教师积极性和提高能力还是第一选择。

武汉大学教育科学研究院博士生导师程斯辉则聚焦课程质量体系。他认为，必须健全课后服务质量评估制度，制定课后服务质量国家标准与地方标准，明确评价指标和评估方式，严格按照质量标准和评价指标对课后服务完成情况进行考核评估，通过评估彰优、罚懒、汰劣，以保证课后服务的健康发展。

程斯辉还介绍，国外十分重视课后服务人员的资格审定。日本厚生劳动省制定"课后儿童支援员认定资格"来保障全国课后服务质量的水准。韩国"为了确保课后托管的专业性，要求托管负责人必须持有2级以上幼、小、中等教师保育教师资格证书"。

（本报记者徐德明也为本文提供素材，中国教育报刊社融媒体移动传播中心、中国教育报总编室提供调查数据支持。）

（原载于《中国教育报》，2021年3月2日，李见新、蒋亦丰、程墨参与）

打好一线教师补给战 ^①

3月7日和3月8日，习近平总书记分别参加了甘肃和河南代表团的审议。对甘肃代表团他指出，今后两年脱贫攻坚任务仍然艰巨繁重，剩下的都是贫中之贫、困中之困，都是难啃的硬骨头。对河南代表团他强调，打赢脱贫攻坚战，是今明两年必须完成的硬任务。

2019年是打赢脱贫攻坚战极为关键的一年。在这将要铸就人类反贫困历史上光辉新篇章之时，教育该啃下哪些"硬骨头"？

打好控辍保学歼灭战

"控辍保学是四川深度贫困地区脱贫攻坚的重中之重。"全国人大代表、四川省教育厅厅长朱世宏在接受中国教育报记者专访时表示，能否啃下这块"硬骨头"，将起到决定性作用。

受各种因素制约，大凉山一直是近年来社会关注的热点。作为"三区三州"之一的凉山州11个深度贫困县是重中之重、坚中之坚，这里成为全省乃至全国脱贫攻坚的主战场之一。

朱世宏说，2018年9月底，四川省政府教育督导委出台《关于全面深化民族地区控辍保学工作的通知》，建立和试行"户籍与学籍系统定期比对、义务教育学生身份证学校集中托管、超龄生学业补偿、依法强制劝返复学、严厉打击违法用工"5项制度和政策。

"通过学籍和户籍比对核实，摸清凉山州义务教育阶段实有失学辍学儿童少年人数，为凉山州教育长远发展特别是'控辍保学'提供了基本科学的

---

① 原标题为"啃下脱贫攻坚'硬骨头'——代表委员为教育脱贫攻坚建言献策（上）"。

数据依据。"朱世宏说，下一步，四川将进一步落实各地各校责任，在精准施策上下功夫，分清就学不便、家庭经济困难、身体残疾、父母外出务工、学习困难等失学的具体原因，有针对性地出台控辍保学措施。

受各种因素制约，四川民族地区贫困面广、贫困人口多、贫困程度深。从精准扶贫大局出发，从2016年春季学期起，四川针对民族地区启动实施15年免费教育，全面免除民族自治地方51个县（市）公办幼儿园3年保教费和公办普通高中3年学费、教科书费。

"四川把'控辍保学'作为教育脱贫头等大事来抓。"面对突出问题，朱世宏态度坚决，凡辍学问题突出、适龄儿童少年辍学在外游荡或打工的县，对其义务教育均衡发展和教育脱贫摘帽评估复查实行"一票否决"，并对县级政府主要负责人问责。

打好办学条件攻坚战

"之所以成为深度贫困地区，一个突出原因就是原有基础薄弱、教育发展历史欠账多，办学条件亟待补强。"全国人大代表、湖南省教育厅厅长蒋昌忠接受《中国教育报》记者专访时直面核心问题。

为此，湖南省精准靶向、定点施策，启动实施了"芙蓉学校"项目。2018年4月11日，湖南省教育厅公布《湖南省深度贫困地区教育脱贫攻坚实施方案（2018—2020年)》，确保2020年前每一个深度贫困县建设一所规模适中、条件达标、风格统一、办学质量和管理水平较好的寄宿制义务教育学校。

"我们将以补齐教育短板为突破口，严格按照'三个新增'要求，教育新增资金、新增项目、新增举措进一步向湘西自治州保靖县、泸溪县、古丈县等11个深度贫困县倾斜，切实打好深度贫困地区教育脱贫攻坚战。"蒋昌忠坚定地说。

与湖南有同样做法和获得感的还有来自"三区三州"的青海藏区。全国人大代表、青海省海北藏族自治州门源回族自治县教育局教研室副主任孔庆菊向记者坦言，"如今，农村学校的硬件条件跟城市学校的一样好"。

学校大变样的背后，是青海对深贫地区投入力度的不断加大。2018年7月，青海省出台《青海省深度贫困地区教育脱贫攻坚实施方案（2018—2020年)》，明确相关教育转移支付存量资金优先保障，增量资金更多用于深度贫困地区教育发展和建档立卡贫困学生受教育的需要。

"学前教育可以说是深贫地区短板中的短板。"朱世宏说，四川直面这块短板，迎难而上、全力破解，全面实行"一村一幼"计划。2015年，凉山州在全省率先启动"一村一幼"计划，在村级开办幼教点。2018年，"一村一幼"政策已覆盖四川全省民族自治地方51个县市。

打好一线教师补给战

"补充教师！"这几乎成为所有代表委员们一致的意见。

在深度贫困县，人才"引不进，留不住"是制约教育发展的一个瓶颈，培养本土化人才势在必行。

朱世宏分析说，四川民族地区失辍学的主要原因不是贫困，而是听不懂普通话导致的厌学辍学。为帮助幼儿在学前阶段过好普通话关，四川省启动"一村一幼"辅导员能力提升计划，决定用3年时间对辅导员进行全员培训。2018年安排3000万元资金委托14所师范院校对5000名"一村一幼"辅导员进行了一个月的暑期普通话和保教技能培训。2018年9月，凉山州第一所独立的公办普通全日制高等专科学校——西昌民族幼儿师范高等专科学校正式开学。

全国政协委员、安徽省政协副主席、省教育厅厅长李和平多次深入大别山革命老区实地调研革命老区脱贫攻坚情况，发现教师政策存在"夹心层"的问题。

在李和平看来，与全国很多深度贫困地区一样，大别山革命老区财力基础薄弱，办学条件和教育质量亟待补强。"但由于大别山革命老区有部分县区不在国家和省扶贫开发工作重点县范围，现行乡村教师支持计划政策没有覆盖，造成这部分县区乡村教师队伍建设反而落后于邻近贫困县。"

"国家应充分区分和系统考虑非贫县的贫困问题。"李和平建议，在实施特岗计划、国培计划、"三区"人才支持计划、教师专项计划、乡村教师生活补助政策等乡村教师支持计划政策时，将不属于国家和省扶贫开发工作重点县的大别山革命老区县区纳入政策实施范围，进一步支持大别山革命老区加强乡村教师队伍建设。

全国政协委员、民盟山西省委会主委王维平则提醒注意贫困地区乡村教师区分度的问题，他建议完善教师交流制度，按照越往基层、越往艰苦贫困地区补助水平越高的原则，建立城镇周边学校、经济较好乡镇学校、贫困乡镇学校的三级教师定位制度。设立贫困地区乡村教师岗位津贴，吸引优秀人才投身贫困地区教育事业。

（原载于《中国教育报》，2019年3月12日，柯进参与）

尴尬的农村校医

王光彪与张文是同一所省属中专卫生学校 1997 级、1999 级校医专业的学生。师兄弟两人虽不同年级，但毕业后他们却做出了同样的选择——回到农村学校担任校医。张文去了江苏省淮安市的一所农村小学，王光彪则去了江苏省徐州市的一所农村中学。

同样的选择，却遭遇了不同的经历。

"与我有联系的 9 名同学全部转行做任课老师了"

2001 年 10 月，当怀揣为农村学生健康保驾护航梦想的张文，来到乡镇中心小学报到时发现，全校有 800 多名学生，但没有任何懂医疗卫生知识的专业人员，"硬件也很差，只有几排砖瓦平房，根本没有医务室"。

即便是这样，张文已经很欣慰了。因为最起码有学校接收了他，他的同班同学中有三分之一因为没有学校接收而直接改了行，或打工，或创业。

然而见面后，校长对张文说的第一句话是："校医在我们这里没有用，我们接收你，是因为我们这里实在是缺音体美老师，你就去做体育老师吧。"

就这样，从 2001 年至今，张文先后做过体育老师、音乐老师、语文老师、数学老师，唯独没碰过本行。

张文告诉记者，与淮安市相邻的盐都县卫生防疫站，曾对全县 20 个农村乡镇的 345 所小学卫生状况进行了调查，发现 345 所农村小学中，拥有专职健康教育教师的只有 5 所，比例为 1.45%。

而 1990 年国务院颁布的《学校卫生工作条例》中就要求，学校必须按照学生人数的 600∶1 配备专职卫生技术人员，学生人数不足 600 的学校可以配备保健教师。

目前所能查询到的最新的全国校医情况调查，是北京大学儿童青少年卫生研究所与教育部体卫艺司于 2007 年 8 月所做的"我国中小学校专职校医配备现状"，该调查结果发表于 2014 年 11 月的《中国学校卫生》杂志。

该调查选取了我国东、中、西 8 个省份的 7753 所中小学，调查结果显示：学校专职校医配备率东、中、西部分别为 24.95%、4.22%、3.83%；城市与农村学校的专职校医配备率分别为 46.51% 与 3.90%。

"从校医专业毕业后，与我有联系的 9 名同学全部转行做任课老师了。"张文对记者说。

"实际上，校医非常重要。校医在维护师生的身心健康方面承担着重要职责，是教育教学工作中不可缺少的重要组成部分。校医对于培养学生良好的卫生习惯、监督管理校园卫生安全、对校内人员出现的常见较轻疾病进行诊治等方面，起着不可替代的作用。由于没有校医而致使学生延误救治的事故屡见不鲜。"

张文举例说，在东莞市一所小学的体育课上，一名 12 岁的女学生在跳皮筋时，因心源性休克引发突然晕倒，经抢救无效，再也没有醒过来。事后，校方承认校内没有校医。"如果有校医在场，女孩花季的生命或许就能延续。"

"医疗设备只有听诊器和温度计"

在一所三级甲等医院实习了一年后，2003 年 9 月，王光彪毕业后分配去了徐州的一所农村初中，"当时有 1000 多名学生，但没有任何懂医疗卫生知识的专业人员，更不用提医务室了"。

在得知王光彪学的是校医专业时，校长对他说的第一句话是："校医专业？我从来没听说过！"此后，王光彪被校长当作一名杂工使用，他先后做过打字员、发过报纸、检查过卫生、做过心理辅导。他第一个月的工资是510 元，跟学校后勤人员一样的收入，属于学校里最低的待遇。

性格偏强的王光彪觉得，把自己的校医专业丢掉了太可惜，于是向校长申请成立学校医务室。"办公室倒是可以给你提供一间，但学校经费紧张，没有任何卫生经费给你。"校长对他说。

王光彪并没有迟疑，决定自掏腰包建设医务室。"当时条件很艰难，医疗设备只有听诊器和温度计。"王光彪说。

而《国家学校体育卫生条件试行基本标准》则规定寄宿制学校必须设立卫生室，卫生室建筑面积应大于 40 平方米。卫生室应具备以下基本设备：视力表灯箱、杠杆式体重秤、身高坐高计、课桌椅测量尺、血压计、听诊器、体温计、急救箱、压舌板、诊察床、诊察桌、诊察凳、注射器、敷料缸、方盘、镊子、止血带、药品柜、污物桶、紫外线灯、高压灭菌锅等。

硬件上不行，王光彪只能从别的方面想办法。他经常到镇健康教育所、防疫站等部门去交流、请教，尤其是在艾滋病日、爱耳日等与健康相关的主题日里，他还要来许多宣传资料，发给学生普及卫生保健知识。

"很多毕业多年的学生，一直到现在都还留着那些宣传品。"王光彪说，这些学生每次回来都说，老师当时教的卫生知识，受用终身。

"至于药物，我们更不敢买了，因为经常放过期。"王光彪说，曾经看到过一篇报道，说上海市药监局稽查大队在检查一所学校医务室时发现了 1962 年生产的过期药品。"直辖市尚且如此，更何况远离城市的农村学校呢？"

对于一所从来没有医务室的学校而言，王光彪的举动引起了校长的担忧。校长专门来到医务室对王光彪说："你可以建医务室，但如果出了事故，是你个人行为，一切与学校无关！"

没有校长的支持，医务室的维持更是岌岌可危。"流行病来了，校医冲在最前线；流行病过后，校医往往被丢在一边。"王光彪说。

"这么多年感觉自己一直在不务正业"

在改行做起教学老师后，张文通过自学考取了师范学院的大专学历，后来又参加了专升本考试，现在在读小学教育本科专业。教师资格证书他早已拿到了，已经成为一名名副其实的任课教师了。"现在一个月的工资差不多

2100 元，在学校属于中等偏上吧。"张文说。

而王光彪则选择了参加全国医师资格考试。他听校友说，校医需要参加全国医师资格考试，先考助理医师，接着考医师资格，才可以从事诊疗工作。

结果，到卫生局报名，得到的答复是："你学校的医务室没有备案，你现在是非法行医，我们随时可以去查封。"

听后，王光彪蒙了，此时才意识到自己真实的处境。王光彪只能选择"曲线"报考了。他找到一个校友所在的镇中学医务室——这个是经卫生局批准成立的，才取得报考资格。

"对于勤杂工式的校医，多年脱离临床一线，加之考试要求的内容比较全面和细致，平时又很难有时间复习，难度很大。"最终王光彪没能通过考试。

性格有些"倔"的王光彪，和他的校友创建了公益校医网站——中国校医网。谈起创建的初衷，王光彪说："我越来越深刻地感受到，农村校医是'孤儿'，我想为我们这些'孤儿'创建一个家！"

从创建网站至今，倾听基层校医的心声成为王光彪必做的功课。"校医归口教育和卫生两个部门管理，权责不清，职责不明""现行的《学校卫生工作条例》是 1990 年颁布实施的，已经远远不能适应新时期学校卫生工作的需要""校医工作时是全科医生、是教师、是心理咨询师、是营养师，但是评职称、论待遇的时候要沾哪一边都不容易"，在中国校医网上，很多农村校医表达着自己的不满。

对此，王光彪觉得心里很沉重，但他唯一能做的就是回帖安慰。有的校医情绪非常低落时，他会主动联系，打个电话安慰鼓励一下。

2006 年，王光彪所在的小学被撤并，他被分流到镇中学。"当时镇中学校长告诉我，你没有教师资格证，可能要面临失业。"王光彪说，"这么多年感觉自己一直在不务正业。"

为了能坚守自己的学校卫生梦想，王光彪无奈地选择了在教师资格考试和医师资格考试之间来回奔波。最终，王光彪做起了一名生物老师。"这也是和校医最接近的科目了，校医只能作为兼职了。"

"评职称的过程，更为艰难，就是在教育部门和卫生部门之间被踢来踢去。"王光彪告诉记者，跑了这么多年，始终也没弄明白关于校医评职称的政策是怎么回事，自己到底是老师还是医生。

北京市海淀区中小学卫生保健所在一份调查报告中指出，目前我国还没有中小学校医职业准入的具体标准，各卫生和师范院校也很少设立校医专业。因此，建议成立全国性学校医师专业协会，制定学校医师或学校卫生专业人员技术职称评定标准，尽快制定中小学校医职业准入标准。

王光彪和张文的母校，最近停办了校医专业，原因是就业形势惨淡。

（应采访者要求，文中张文为化名。）

◆◆ 配发案例 ◆◆

"差一分，我们也不能上岗！"

在北京市第十四中学医务室的档案柜里记者看到，全校学生的各种体检表按照年级、项目分装在不同的档案夹里，整整齐齐地摆放在一起。

记者随意抽出一张表格，上面清晰记录着一个班学生一天的健康情况，包括发热、出勤、请病假等详细内容，上面还有每个班卫生委员、班主任和校医的签字。

"每个班的卫生委员都要在每天下午第一节课前把表格交给我。"校医务室董向玮大夫说。"按照北京市西城区的规定，每个中小学校每学期都要对全体学生进行一次全面体检和视力检查。除此之外，我们学校还单独增加了一次视力检查。"

董向玮所在的第十四中学，是北京市挂牌的"健康促进学校"，有1000多名学生，学校医务室由治疗室、发热隔离室和办公室构成，现有2名医师和2名护师，她们的日常工作除了负责处理学生外伤以及突发的伤害事故或急症外，还要进行晨午检、食堂卫生监督、健康知识普及以及卫生防疫宣传。"每学期开学，我们都要对全校的班主任进行一次卫生健康培训。"

记者注意到，在医务室档案柜面对的墙上粘贴着学校卫生工作小组名单及联系方式、学校医务室校医工作职责、学校疫情报告流程图等表格。

在疫情报告流程图上，从班级卫生委员到班主任，再到学校医务室，最后到西城区教委体卫科、西城区中小学生卫生保健所等机构，层层报告，每个环节都有专门的负责人，旁边还注明了该负责人的座机、手机等联系方式。

董向玮坦言，学校对医务室工作是否重视，是校医能否顺利开展工作的关键。"每年学校都会给医务室经费，用以购买药品和设备，最近刚刚花几万元买了体能测试仪。"

董向玮告诉记者，学校医务室的工作很多都是年度性的，而且有细化的要求，要接受西城区教委体卫科、西城区中小学卫生保健所、西城区红十字会、西城区疾病控制中心、西城区卫生局卫生监督所的领导、监督和检查。

对于新入职和已经入职的校医，西城区都定期组织培训。在近期西城区新入校医理论培训计划表中，记者看到了"学校卫生工作相关政策法规与校医职责""学校常见病工作程序""学校资料档案管理""校医工作沟通技巧""学校常见传染病上报管理培训"等课程，此外还组织新老校医座谈会，以调动新校医们的积极性，广开思路。

董向玮参加工作已经十几年了，但每周三下午都要去参加卫生局组织的校医培训。日常时间还要参加网络课程学习，要求一年内拿到区级培训 25 学分、市级培训 5 学分。"区里面都有我们的电子档案以及学习记录，年审非常严格，差一分，我们也不能上岗。"董向玮说。

（原载于《中国教育报》，2015 年 4 月 9 日，李小伟参与）

梅兵：抓紧推动教育家精神研究阐释、落地生根

第 39 个教师节前夕，习近平总书记致信全国优秀教师代表，首次提出中国特有的教育家精神。全国人大代表、华东师范大学党委书记梅兵表示，在加快推进教育强国建设的进程中，应抓紧推动教育家精神研究阐释、落地生根，转化为每一位教师的具体行动，转化为高素质教师队伍建设的务实举措，使更多的"好教师"得以涌现、"好教育"得以发生。

中国特有的教育家精神是对我国教师队伍长期育人实践中积累的宝贵经验的系统总结，也是对涌现出的一批优秀教师精神品质的提炼升华。梅兵经过认真调研后发现，对教育家精神深入系统的理论和实践研究还有待进一步加强，体现教育家精神导向的国家教师荣誉表彰体系等激励机制还需进一步完善，教育家精神融入和带动高素质教师队伍建设还需加强。

"推动培育弘扬践行教育家精神既缺些伸展的'根系'，也缺些展示的'果实'。"在梅兵看来，目前对教育家精神的宣传阐释较多，从哲学、心理学、社会学、历史学等多维度对教育家精神进行的深入系统研究不足，而这样的研究对全面深刻认识和理解中国特有的教育家精神的内涵十分重要；在实际工作和生活中，教师队伍中急需一批榜样群体作为示范引领。虽然目前我国已有"人民教育家""全国优秀教师"等多种教师荣誉，但总体来看，国家教师荣誉表彰体系尚不完善，评价指标体系、表彰层级与方式、受奖者规模、宣传力度等均有较大提升空间，需要进一步完善国家教师荣誉表彰体系，使其成为培育弘扬教育家精神的重要抓手。

为此，梅兵提出了三个方面的建议。

一是支持建设一批理论研究项目和培育弘扬基地。在哲学社会科学领域提炼形成一批深入研究中国特有教育家精神的重要项目、产生一批启迪中外

教育思想的成果；同时借鉴青少年爱国主义教育基地、科学家精神教育基地、师德师风建设基地等建设经验，遵循"见人、见物、见事、见精神"的原则标准，在全国范围试点遴选、建设一批教育家精神培育弘扬基地，形成基点、示范带动、辐射区域；积极推动政府部门、学校、科研院所、文博和纪念场馆等多方力量参与，充分发掘和整合运用教育家精神教育资源，鼓励面向包括教师在内的不同群体，有针对性地开展宣讲、研学、文艺创作和传播等形式多样、喜闻乐见的宣传教育活动，细雨润无声地推进教育家精神培育、弘扬和践行。

二是进一步完善国家教师荣誉表彰体系。今年将迎来第 40 个教师节，建议借此契机，明确以中国特有的教育家精神为遵循导向，多部门协同合作，共同推动完善国家教师荣誉表彰体系，规范荣誉类别和层次、入选标准、评选程序、表彰形式、激励待遇等，强化国家级的教师表彰奖励，推出一批教育家型的优秀教师典型，增强荣誉授予的仪式感，加大先进典型宣传力度，进而形成优秀人才争先从教、全体教师竞相践行教育家精神、好教师不断涌现、全社会尊师重教的良好氛围和局面，推动教师队伍真正成为强国之师。

三是建立教育家精神融入教师队伍建设的机制。要把培育弘扬践行教育家精神的要求切实融入和贯穿新时代教师队伍建设的各阶段、各方面，将教育家精神纳入师范生培养、教师职后培训、教师职业发展等各环节，以及"强师计划""优师计划""师范教育协同提质计划""国优计划"等国家计划实施全过程；探索将教育家精神纳入教师管理评价指标体系，激发教师发展动力；同时，针对各地在教师队伍建设中的困难瓶颈和广大教师急难愁盼的突出问题，多出强师、利师、惠师政策，提高教师待遇保障，为广大教师的专业发展提供更广阔的平台。

（原载于中国教育新闻网，2024 年 3 月 3 日，任朝霞参与）

后　记

　　一个平凡的教师如何成为良师？理想的师范教育什么样？青年教师的拔穗期在哪？骨干教师遭遇职业倦怠了怎么办？名师成长有没有天花板？……

　　在十几年的记者生涯中，教师问题一直是我关注的重点。随着关注的深入，关于教师成长的深层次问题越来越多地出现在脑海里。十几年间，我行走在祖国大江南北，见证和记录了中国丰富多彩的教育风景，也看到了许多不一样的教师队伍样态。我们有时看到：在不尊重规律的情况下，一些地方把教师推到了对立面，信任、爱护的氛围和基础丧失了，结果可想而知。

　　然后有幸的是，我也看到了更多这样的样态：在尊重教师、双向奔赴的加持下，一个个困扰教师成长的困难迎刃而解，夯实和培育了教师快速成长的土壤。这些案例包括：

　　在江苏南通人看来，本地优秀的初高中毕业生能否填报师范学校，对南通教师队伍建设而言，是关键一环。在北京八十中，有两项坚持了15年雷打不动的活动：每学年上学期的教学基本功大赛和下学期的教育基本功大赛。除了给老教师出书、立传，河南省长垣县领导还为退休教师送匾、挂匾，纪念教师光荣退休。……

　　强国呼唤良师。教育强国的关键还是人，是教师。值此教育强国建设的历史节点，我也想把自己十多年来萃取和发现的一线优秀教师、教师队伍建设先进地区的经验以及解决教师问题的有效方法集纳起来，呈现给更多的教师，希望您可以发现不一样的路径，遇到最好的自己。

　　在本书即将付梓之际，我首先特别感谢山东大学任友群书记能够拨冗作序！任书记是我非常敬重的一位专家型领导，特别钦佩他在教师队伍建设方面的独特建树和贡献，感谢他能提携、帮助、激励年轻同志！

感谢中国教育报刊社范绪锋社长、张圣华副总编等领导以及《中国教育报》编辑部各位同事给予的鼓励和支持！没有几位领导的关键点拨和坚定支持，不可能有本书的面世。在此，特别感谢《中国教育报》这个平台，让我实现了自己心中的新闻理想，享受了文字带给我的快乐。感谢书中提到的同事和通讯员，大家一起采写、讨论、打磨稿件，更要感谢书中没提到的同事、通讯员，有的贡献了好的线索，有的提供了好的角度，有的安排了好的版位。

感谢我的母校以及高进达老师、倪小生老师等诸多恩师。如果没有母校深厚的文化浸润、没有师长们的悉心栽培，很难有我今天的一点进步。

感谢"基础教育"周刊主编汪瑞林、华东师范大学出版社责任编辑卢风保、上海音乐学院副教授董少校在本书出版方面的指导与支持。

感谢我的父亲母亲、岳父岳母、妻子，正是父母几十年如一日的言传身教、岳父岳母的鼎力支持、妻子的纯粹善良给了我巨大的时间和空间，我才会酿出这么多的文字。最后我把这本书献给我的儿子汤圆、女儿蘑菇，希望他们长大后，能通过本书了解到一个更加真实全面的父亲，希望他们对本书没有失望。

由于水平有限，难免会有纰漏和不足，敬请批评指正。

禹跃昆

2025 年 3 月于北京